www.ingramcontent.com/pod-product-compliance
Lightning Source LLC
LaVergne TN
LVHW041107150826
845673LV00007B/1949

بنيات الترادف والتضاد

وتجلياتها في الشعر العربي المعاصر

الفائز بالمركز الثاني

في جائزة الشارقة لنقد الشعر العربي، الدورة الثالثة، 2023.

بنيات الترادف والتضاد

وتجلياتها في الشعر العربي المعاصر

دراسة في شعرية التوازي الدلالي

أنوار بنيعيش

إصدارات دائرة الثقافة، حكومة الشارقة 2024 م

الناشر: دائرة الثقافة - حكومة الشارقة - الإمارات العربية المتحدة

الهاتف: 5123333 6 971+

البرّاق: 5123303 6 971+

الموقع الإليكتروني: www.sdc.gov.ae

البريد الإليكتروني: sdc@sdc.gov.ae

الطبعة الأولى 2024

811.99

ب أ. ب بنيعيش ، أنوار

بنيات الترادف والتضاد وتجلياتها في الشعر العربي المعاصر : دراسة في شعرية التوازي الدلالي / أنوار بنيعيش.-الشارقة، الإمارات العربية المتحدة : دائرة الثقافة، 2024.

132- ص. ؛21x14 - سم.

الفائز بالمركز الثاني بجائزة الشارقة لنقد الشعر العربي، الدورة الثالثة، 2023.

1. الشعر العربي – تاريخ ونقد – العصر الحديث

2. الجمال في الشعر العربي

ب.جائزة الشارقة لنقد الشعر العربي(3 : 2023)

أ. العنوان

ISBN:978-9948-767-20-6

مقدمة

يمتلك الشاعر أدواته الخاصة في إنتاج قصائده، فيعمد بما أوتي من موهبة ومهارة ناشئة عن دربة ومراس إلى خلق إبداع مَتميز في بنياته وطرق تشكيله، مما يبهر المتلقي ويجعله يقف متأملاً عند عتبة الإعجاب والاندهاش الشديدين.

وتحدِثُ هذا التميز آليات اشتغالٍ يعجز عن توظيفها النَّاثر الذي لا يرقى تعامله مع اللغة وتحكمه فيها إلى مستوى الشاعر؛ فالشعر كما يشير إلى ذلك «آلان فايو Alain Vaillant»: «هو الشكل الأسمى للأدب؛ فبِتَرَفُّعِهِ عن سهولة النثر، يَفْتَرِض تحكماً تاماً في المصادر اللغوية. إنه عمل فنَّانِين حقيقِيِّين»[1].

إن هذه الحِرَفية الفائقة التي يمتاز بها الشاعر تجعله يسمو في إبداعه عن اللغة العادية، ويسعى جاهداً إلى النحت في صخرة الإبداع محاولاً خلق سبيل مبتكر، ويأبى أن يلامس التعبير في مستوياته البسيطة المتاحة لأغلب الناس. لهذا يميل إلى استخدام اللغة والكلمات بطريقة غير مألوفة، بحثاً عن درجة تقترب من الكمال؛ فلِكيْ «يكون الإنسان شاعراً لا بدّ أن يتمتع بموهبة خاصة جداً؛ فالشاعر يجب

أن يعمل بإخلاص ويبذل أقصى جهده لتحويل الرؤيا التي تمنحها له المشيئة الإلهية إلى كلمات وإيقاع وصور»[2].

وبذلك تصبح مهمة الدارس في ملاحقته لبنيات اللغة الشعرية صعبةً للغاية. لكن، مع ذلك، يبقى بصيص الأمل من خلال تلك الآليات التي يطّردُ استعمالها لدى الشعراء، وتتواتر في إبداعهم تواتراً يمنحها المصداقية، ويهبها القدرة على تمثيل معظم النماذج الشعرية لنضع أيدينا على أحد المعالم البارزة في الطريق نحو اكتشاف النص الشعري. ويمكن تلمس بداية هذا الطريق من التوازي في تجلياته الدلالية؛ إذ يكشف حسب ما جاء به «جاكسبون» Roman Jackobson في تعريفه المعهود للوظيفة الشعرية[3] عن كيفية استغلال الشاعر للجانب الدلالي بوصفه مجالاً للتماثل والتشابه من أجل التوحيد بين المتواليات التي يتشكل منها النص الشعري.

يتخذ هذا المستوى من التوازي عدة مظاهر تبعاً للعلاقات الرابطة بين المكونات والعناصر المتوازية، إذ يمكن رصد أشكال مختلفة للتوازي الدلالي من أهمها: الترادف، والتضاد، والانجرار، والاشتراط. وهي نفسها العلاقات التي حدَّدها «السجلماسي» معتبراً إيَّاها مستويات التناسب بين أجزاء الكلام[4].

ونبدأ بالنوع الأول لقربه الكبير من علاقة التشابه والتماثل التي يركز عليها التوازي ووضوح هذه العلاقة.

هوامش المقدمة:

1 – La poésie، initiation aux méthodes d›analyse des textes poétiques, Alain Vaillant, édition Nathan, Paris, 1992, p : 7.

2 – Création poétique, Pierre Lepère, Collection littérature vivant, éditions Pierre Bordas et fils, Paris, 1990, p : 5.

3 – يعرف جاكبسون الوظيفة الشعرية على أنها: (إسقاط مبدأ التماثل من محور الاختيار إلى محور التأليف) انظر قضايا الشعرية، رومان جاكبسون، ترجمة محمد الولي، دار توبقال للنشر، الدار البيضاء، ص:33.

4 – المنزع البديع، في تجنيس أساليب البديع، أبو القاسم محمد السجلماسي، مصدر سابق، ص: 515.

الفصل الأول:

بنيات الترادف
في الشعر العربي المعاصر

1 - توازي الترادف في الدراسات اللغوية والبلاغية:

يُعتبر الترادف من المفاهيم التي ظلت في أغلب الدراسات العربية القديمة بعيدة عن المناولات البلاغية، حيث لم يلتفت إليه العرب بوصفه مؤشراً فنياً جمالياً يستحق الوقوف عنده في التشكيل الدلالي والتركيبي للنصوص الشعرية خاصة. فقد انحصرت معظم الدراسات القديمة في الجانب اللغويّ التقعيديّ، وبالضبط في مجال فقه اللغة، فَعُدَّ وسيلةً للتوسع في الكلام، وإظهار مقدرة اللغة العربية على احتواء عدد كبير من الألفاظ للمعنى الواحد. وهذا ما عبَّر عنه قول قطرب «إنما أوقعت العرب اللفظتين على المعنى الواحد؛ ليدلُّوا على اتساعهم في الكلام، كما زاحفوا في أجزاء الشعر؛ ليدلُّوا على أن الكلام واسع عندهم، وأن مذاهبه لا تضيق عليهم عند الخطاب والإطالة والإطناب»[(1)].

فالترادف حسب هذا التصور خاصية لغوية أكثر منها آلية فنية يستعين بها الشاعر أو الناثر على إبداع نص أدبي مميز، لهذا تراوحت الدراسات التي تناولت الترادف في القديم بين الاعتراف به بوصفه ظاهرة موجودة في اللغة العربية ومستساغة[(2)]. عند مستعمليها، وبين إنكاره ورفض إمكان وجوده أصلاً، وتعليل هذا الرفض بما

تواطأ عديد الدارسين على إدراجه في باب الترادف بجهلهم للفروق الدقيقة بين المترادفات[3]. وفي هذا يقول ابن الأعرابي: «كل حرفين أوقعتهما العرب على معنى واحد في كل معنى ليس في صاحبه ربما عرفناه وربما غمُض علينا فلا تلزم العرب جهله»[4].

ولم يُثِر استعماله في السياق كبير نقاش، حيث اقتصر الأمر على إشارات مبثوثة، لم تُحط بالظاهرة فيما يتعلق بقصديتها وجوانبها الفنية عندما يتم الجمع بين مترادفين أو أكثر في مجال نصيٍّ واحد. بل إن النقاش اتجه – في بعض الأحيان – صوب تجاوز الوصف إلى محاولة البحث عن منفذ لتبرير حضور هذه الظاهرة القوي في نصوصٍ لها نصيبٌ وافرٌ من البلاغة والإبداع، فكان أن اعتبر البعض أن الترادف في سياق واحد، خاصة عندما يكون في إطار العطف بين الكلمتين، ليس توحُّداً في معنى يُكرَّرُ بلفظ آخر، بل هو انتقال من معنى إلى غيره مخالف له، وهذا ما نلمسه على سبيل المثال في قول أبي هلال العسكري «إن جميع ما جاء في القرآن وعن العرب من لفظين جَارِيَيْنِ مجرى ما ذكرنا من العقل واللبِّ... والعلم والمعرفة... معطوفاً أحدهما على الآخر، فإنما جاز ذلك فيهما لما بينهما من الفرق في المعنى، ولولا ذلك لم يجز عطف زيد على أبي عبد الله إذ كان هو هو»[5]. بينما مال آخرون إلى تسويغ اللجوء إليه لضرورات وظيفية مثل التأكيد والمبالغة، فاعتبروا أنه: «إنما يأتي الشعر بالاسمين المختلفين للمعنى الواحد في مكان واحدٍ تأكيداً ومبالغة كقولهم:

وهِنْدُ أَتَى مِنْ دُونِـهَا النَّأْيُ والبُعْدُ»[6]

وفي حين تجنّب معظم البلاغيين العرب الخوض في معطى الترادف ضمن مباحثهم البلاغية، وردت إشارات عند آخرين حوله بشكل مقتضب شأن أبي القاسم السجلماسي في حديثه عن التكرير المعنوي، إذ عمد إلى جعل هذا التكرير جنساً متوسّطاً تتفرع عنه أربعة أنواع أحدها قريب إلى حدٍّ ما من مفهوم الترادف، وهو إيراد الملائم، الذي عرفه بقوله: «أن يأتي بالشيء وشبيهه كالشمس والقمر والسنان والسرج واللجام والسيف والفرند»(7).

والملاحظ أن إشارة السجلماسي ظلت متحفظة بعض الشيء وبعيدة نسبياً عن جوهر المفهوم، حيث ظل أثر الميل نحو الجانب البلاغي الأقرب إلى التداولات العربية القديمة، فالأمثلة التي يوردها تكشف عن تصور يجعل هذا المفهوم أقرب إلى بنية المشابهة والتوارد منه إلى الترادف مثلما هو الأمر بين الشمس والقمر مثلاً.

لكن – مع ذلك – يمكن الاستفادة من هذا التصور على أساس العلاقة السياقية التي تتجاوز سُكونيّة المُعجم إلى حَرَكية التوظيف والتأليف، وما تفرضه من قيم أسلوبية ناشئة عن تعاضُد المعنى بأكثر من مفردة لغوية في سياقٍ كلاميٍّ ما. وهذا ما أشار إليه «لوث» في تعريفه للتوازي الترادفي على أنه يتحقق «عندما يُعبّر في البداية عن إحدى الفكر، ثم يعبر عنها من جديد، بعناصر أخرى لها تقريباً الدلالة نفسها»(8).

2 – توازي الترادف في الشعر العربي المعاصر:

لفهم هذا الشكل من أشكال التوازي في الشعر، لا بدّ من التأكيد

على خصوصية الترادف بوصفه علاقة بين مكونات المتواليات الشعرية في النص الواحد؛ فإذا كانت التوازيات من الأنواع والعلاقات الأخرى المؤسَّسة على البنية الصوتية أو الصرفية أو التركيبية تقوم على أساس داخلي في اللغة، فإن التوازي الدلالي عموماً والترادفي خصوصاً، يجد تجلياته خارج اللغة لعلاقته بالمدلول؛ ذلك أنَّ «عنصرين يكونان متماثلين دلالياً من حيث تداخلهما في تقطيع الفِكْر الغفل الخارج عن كل لغة منفردة»[9].

وتُجسِّد قصيدة (عشَّاقٌ في المَنْفَى) لعبد الوهاب البياتي، نموذجاً لمحاولة الشاعر العربي استثمار جمالية التوازي الترادفي لخلق انسجام بين أجزاء نصه؛ فالقصيدة تنطلق من بُؤرةِ العَتَبةِ، حيث تتَوَّحَدُ قيمتان مختلفتان في بنية الجملة الاسمية:

القيمة الأولى: العشقُ وما يفرضه من هُيام وترابط روحيٍّ ووجدانيٍّ، والثانية: المنفى وما يحيل عليه من انْبِتاتِ الأوَاصِرِ، والبعد عن الأهل والوطن، وبما يحمله من دلالات الوحدة والإحساس المتنامي بالغربة. وهذا ما يعبر عنه الاشتراط بين كلمات وألفاظ متعددة في النص تصُبُّ في سياقٍ واحدٍ. يقول الشاعر:

«أنا وَحيدْ،

كقطْرةِ المطرِ العقيمِ، أنا وحيدْ

- وهؤلاءْ؟

- مِثْلي ومثلك يحفرون قبورَهم عبْر الجدارْ

مثلي ومثلك مقبِلُون على انتظارِ

مِنْ لا يعُود

كالعنْزَةِ الجرْباء، أفْرَدَها القطيعْ

لا نستطيعْ. . .

وإذا اسْتطَعْنا، فالجِدارْ

والتَّافِهونْ

يقِفون بالمِرْصاد كالسَّدِّ المنيعْ

لا نسْتطيع. . .

وأنا وأنتَ وهؤلاءِ

والتَّافِهونْ

والشَّمسُ في الطرقاتِ تحتَضِنُ البيوت

فتُثير في النفس الحنينَ إلى البكاءْ

وهناك في قُللٍ من الفَخَّار أزهارٌ تموتْ»[10].

تتعدَّدُ الكلمات والعبارات مبنىً وشكلاً، لكنّها تُفْضي إلى معانٍ متقاربة تُراكِم إحساساً خانِقاً بالعزلة والانفصال عن الآخرين عبر كلمات مباشرة، وأخرى تحمل في طيَّاتها ما يُسلِم القارئ إلى الشعور بوضعية الشاعر عبر تَلَمُّسِ الدلالات الإيحائية غير المباشرة؛ كالعقم

والانتظار والحنين. وهذا ما يمكن أن نجلوَهُ أكثر باعتماد نوعٍ من التصنيف حسب طبيعة العبارة أو الكلمة كالآتي:

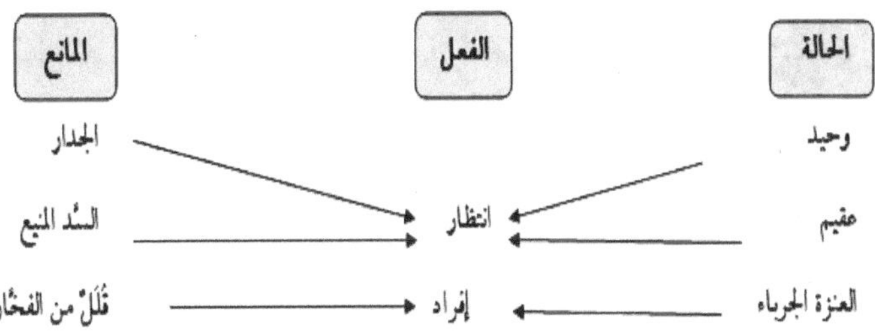

هكذا يؤدي تكثيف زوايا متشابهة للحالة نفسها إلى فعلٍ معدومٍ يُعلنُ سلْب القدرة والفاعلية من صاحب الحال. وهو هنا حاضرٌ في نموذجيْن:

الأول: الانتظارُ الذي يعني العجزَ وعدمَ القدرة على الفعل وعلى الحركة. والثاني: الإفرادُ، وهو إن دل على الفاعلية إلا أنه لا ينسبها للأنا الوحيدة الغارقة في الهموم، بقدر ما يجعلها متحمِّلةً – عن غير رغبة أو سابق نية – تَبِعاتِ قراراتِ الآخرين بالعزْل.

وتكشف الصورةُ التي يختارها الشاعر للتعبير عن هذا العزل نقطتين رئيستين:

الأولى: شدة الارتباط والتعلق الناجميْن عن الحبّ الذي يُكنّه الشاعر لوطنه وأهله تماماً كما تتشبث العنْزة بباقي أفراد القطيع. أما الثانية، فتكْمُن في الحبّ الذي يدل على التَّميُّز والتفرد ولو بمرض. هذا التميز الذي يجعل الشاعر مُقْصىً ضدّاً على إرادته، ومُهمَّشاً إلى أبعد الحدود.

يعمدُ البياتي في هذا المقطع الشعري إلى تجميع عدد من الدَّوال المُحيلةِ إلى مدلولات متقاربة إلى حدٍ بعيد، فتنتجم عن تراكمات من هذا القبيل توازيات بالترادف تمنح النصَّ الشعريَّ وحدتَه وتماسكَه الانسيابي في حقل دلاليٍّ موحَّد من معالمه المنفى وما يستتبعه من إحساس بالعزلة وحنين إلى الوطن والأحبة.

وفي مقابل استغلال الشاعر العربي المعاصر للتوازي الدلالي بالترادف في خلق سياق موحد يهيمن على القصيدة الواحدة، أو على معظمها بألفاظ وعبارات تتجاذب فيما بينها من جهة الملاءمة في المعنى أو إيراد الملائم على حد تعبير السجلماسي في منزعه[11] مال في قصائد أخرى نحو رَكْمِ سياقين فأكثر ليعبِّر عن تعدُّديةٍ فرضتها طبيعة القضايا والأفكار التي تعتري بعض النصوص، والتي من شأنها أن تبث موجات انفعالية وعاطفية متعددة نحو المتلقي.

ففي قصيدة للشاعر محمد حمدان بعنوان (الفَارِسُ والعَتمَةُ) نعثر على نموذج صريح لهذه الازدواجية في السياقات الحاضرة في النص.

وهي ازدواجية يُفصِحُ عنها الشاعرُ بدايةً ببنيةِ العتبة التي تختزل تِيمتيْن رئيستيْن: تيمة الفارس بما يوحي به من أمل وقوة وقدرة على التغيير وصنع الحدث. وتيمة العَتْمَة بما فيها من دلالات على امّحاءِ العلاماتِ وفقدان القدرة على تَلَمُّس الطريق، إضافة إلى الرهبة والخوف. يقول الشاعر:

1 – «مِنْ حوْلِ الفارسِ ليلٌ أسود

2 – اللَّيلُ يكفنُ وجهَ الأرضِ بثَوبِ العتمة

3 – صُلبان غصَّ بها دربُ الفارسْ

4 – الدَّمعُ والآفُ نِقاطِ الدَّمْ

5 – يتقرَّاها برُموش الهمْ

6 – هذا الفارس

7 – غربانٌ سودٌ تزرع كلَّ فضاءْ

8 – والبومُ يصوِّتُ في الأجواءْ

9 – أشباحٌ ترقُصُ قدامهْ

10 – فتُعرِّي دربَ الفارسِ

11 – تقتُلُ فيها أحْلامَهْ

12 – تَعِب الفارِسْ

13 – لا مُهْرَ يسبِق صَوت الريحْ

14 – لا سيفَ يقطَع كلَّ حبالِ الموتِ

15 – ويشْربُ خمْرَ الرُّوحْ

16 – ويئِنُّ جَريحْ

18 – والقُدْسُ. . .

19 – رنينُ الأجْراسِ بها مازالَ بعيدْ

20 – وصَدى (الله أكبر) لا يُسمعْ

21 – مازال بعيدْ

22 – ونداءٌ يأتي عبْرَ بِحَار الآهْ

23 – وا مُعْتصِماهْ

24 – وا مُعتَصماه»[12].

تتأرجح القصيدة بين قوتين متجاذبتين: إحداهما تنمو في اتجاه التفاؤل والقوة، وثانيتهما تهوي إلى مجاهل اليأس والتيه. وقد لعب الترادف دوراً كبيراً في تدعيم كلّ قوةٍ بما يناسبها من ألفاظ وعبارات وإن أبان عن عدم تكافؤهما وغلبة الثانية وهيمنتها على النص باستئثارها بالحظّ الأوْفرِ من الحضور والتواجد، في مقابل تقهقرِ قوّة الأمل المُبَأّرَةِ في شخصية الفارس.

ولنقفَ عند هذه الحقيقة، نصنفُ دوال القصيدة حسب انتماءاتها الدلالية عبر الجدولة الآتية:

الفارس	العتمة
درب – الفارس – يشرب – ترقص – أحلامه – خمر – الروح – صوت – الريح – يقطع – القدامى – رنين – الأجراس – صدى الله أكبر – نداء – يأتي.	**ليل – أسود – الليل – يكفن – ثوب العتمة – صلبان – الدمع – نقاط الدم – غربان – البوم – أشباح – تعري – تقتل – تعب – لا مهر – لا سيف – الموت – يئن – جريح – بعيد – مازال – لا يسمع – بحار الآه – رموش.**

يهيمن حقل العتمة على النص بنسبة تصل إلى 75.48 %، بينما لا تحظى بنية الفارس إلا بـ: 28.75 %، مما يكشف الفارق الكبير بينهما من حيث الهيمنة على النص الشعري، وينقل إلى المتلقي نظرة موغلة في التشاؤم حول وضع المجتمع العربي، وخطورة افتقاده الرهيب إلى قيم البطولة التي تلاشت بمرور الزمن.

وإذا كان التوازي بالترادف قد أدى إلى بروز سياقين تتكتل فيهما ألفاظ القصيدة، فإن ذلك لا يعني انفصالاً وتجزئة لعُرَى النص الشعري وتحطيماً لمفهوم الوحدة التي تبنى عليه شعريته. بل على العكس من ذلك تماماً فقد خلق التقابل بين سياق (الفارس) بوصفه نموذجاً للبطولة والقيم النبيلة المفتقَدة، وسياق العتمة رمز الهزيمة والانهيار نوعاً من التلاحم بين أجزاء القصيدة؛ إذ لا يحضر السياق الأول في النص إلا للدلالة على الغياب والافتقاد وانعدام الفاعلية، مما يولِّد لدى المتلقي إحساساً قوياً بالترادف وانسجام المعاني وترابطها؛ فبنية الفارس في سلبيتها وفقدانها عنصر الفاعلية والتأثير، تُدعِّم هيمنةَ العتمة وتغذّي استشراءها وإحاطتها الفعلية بالنص الشعري ككلّ.

رغم التقابل الذي يصل حد التضاد بين البنيتين، فإن توظيفهما في النص يؤدي إلى تكاملهما وانسجامهما نتيجة اختلافهما سلباً وإيجاباً. ذلك أن الشاعر عمد إلى سلب الفاعلية من الفارس ونقلها للعتمة مُحرِّكاً علاقة بين الطرفين تقوم على السببية والتبرير:

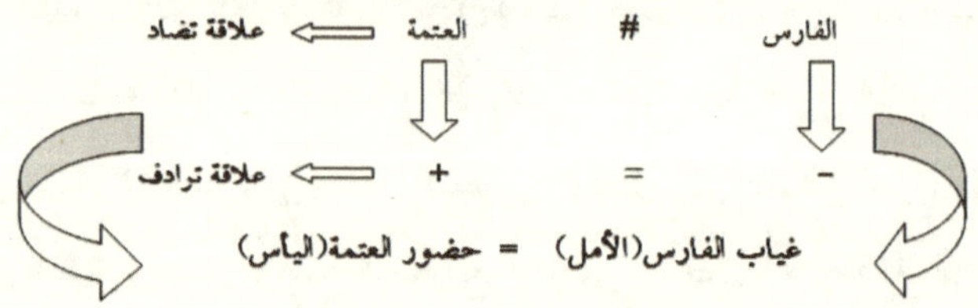

يستثمر الشاعر التوازي الدلالي الترادفي لإحداث ازدواجية سياقية تعبّر عن الواقع العربي في صورة متكاملة الملامح، سوداوية التوجه يغيب فيها الأمل في انبثاقِ فجر جديد في شخص بطل ينسف هذا الظلام الدامس ويبعث فيه النور من جديد.

ويبدو أن الشاعر العربي المعاصر لم يقتصر في توظيفه للتوازي على تكثيف مفردات وألفاظ داخل السياق الواحد أو أكثر فقط، بل تفتقت مواهبه عن أشكال عديدة أخرى من التوازيات الدلالية بالترادف منها: التوازي الترادفي المزدوج ويُقصد به ذلك النوع من التوازي الذي تتجمع بواسطته بعض أسطر النص الشعري في ثنائيات؛ فيكون السطر الثاني صدى وترجيعاً للأول، محققاً تناسباً واضحاً بين السطرين، ومؤدياً إلى دلالات جديدة قائمة على أساس التوازي الدلالي في شقه الترادفي.

والجدير بالذكر أن التوازي المزدوج يعبّر عن نظرة خاصة للشعر تفترض قيامه على العودة إلى عناصر دلالية معينة في سطرين متواليين أو غير متواليين بدوال مختلفة، فتجسد بذلك تكراراً من نوع خاص يَمَسُّ المعنى، ويُعِدّ المتلقي لاستيعابه على ضوء الموازنة بين ثوابت المعنى ومتغيرات اللفظ، فيتم استقبال النص

الشعري «باعتباره مُراوحة بين المتكرر واللامتكرر في تواترهما المتبادل»[13]. وتجعل هذه المراوحةُ قارئَ النص يتنقل بين مكونات النص الشعري مُستحضِراً العلاقات والوشائج الدلالية بينها لتَتَحقَّقَ للقصيدة وَحْدَتُها في ذهن المتلقي الذي يُخضِعها لثنائية التشابه والاختلاف.

ومن نماذج التوازي المزدوج ما جاء في قصيدة (أيوب المعاصر) لعبد العزيز المقالح[14]:

1 – «أَيُّوبْ. . .

2 – عَلَى طَرِيقِكُمْ مَصْلُوبْ

3 – أَمَالَ رَأْسَهُ

4 – أَلْقَى بِهِ عَلَى صَدرٍ مُهَشَّمٍ مَنْخُوبْ

5 – تَجْفلُ مِنْهُ النَّظَرَاتُ

6 – تَجفلُ القُلُوبْ

. . . .

8 – تحسّسَ الجُفُونْ

9 – فَتَّشَ أَغْوارَ العُيُون

10 – مُحاولاَتُهُ تَحطَّمتْ

11 – تَبَدَّدتْ هَبَاءْ

12 – لا دمعة أَجْدَتْ

13 – ولمْ تعصر من الجفون ماءْ».

يُظهِر النموذجُ التماسَ الشاعر إكساب نصه الشعري بنية تنظيمية خاصة تتحكم في جل الأسطر؛ فمعظمها يندرج في إطار ثنائيات لها ارتباط دلالي فيما بينها، فضلاً عن علاقات وتماثلات من نواحٍ أخرى، تفرض «توزيع الألفاظ في الجملة والعبارة توزيعاً قائماً على الإيقاع المنسجم للفظ أو الصوت، سواءً في الجمل المتصلة بعضها ببعض أو المترتبة عن بعضها عن طريق التضاد أو التشابه في المعنى أو الصياغة النحوية»[15]؛ فاختيار الكلمات ورصفُها في مواقع متقابلة ينمّ عن مقدرةٍ عاليةٍ لدى الشاعر على التعامل مع اللغة وإخضاعها لمتطلباته الفنية والتعبيرية.

هكذا يقف السطران: الخامس والسادس ليواجه كل واحد منهما الآخر بنوع من التناسب متعدد الأوجه؛ فـ(تَجْفَلُ) يجسد الفعل المكرَّرَ في بداية كل سطر، وشبه الجملة من الحرف والضمير (منه) يحضر في السطر الخامس فقط. لكنه يقدر في السطر الموالي (تجفل {منه} القلوب) ليأتي بعد ذلك الفاعل في آخر البيت كمتغير معجمي بعد ثوابت تركيبية ولفظية.

ومن المعلوم أن توالي الثوابت في بداية البيت الشعري وتحريك المتغير ليستقر في آخره، فيهما نفحة جمالية خاصة لما يحدثه هذا التنظيم من إيهام للمتلقي باستمرار الثوابت والتكرارات ليتكسر أفق انتظاره وتوقعه بعنصر لغوي جديد. وشبيه بهذا ما ذهب إليه الإمام

عبد القاهر الجرجاني في تفسير عِلّة الجمال في الجناس في كتابه (أسرار البلاغة)[16].

إن توظيف التكرار الاستهلالي من جهة، والحفاظ على البنية التركيبية عينِها من جهة ثانية فرَضا على كلمتيْ: (النظرات) و(القلوب) اللتين تحتلان موقعين متقابلين، تشاركاً وتعالقاً في المعنى؛ ذلك أن النظرات مطيةُ المشاعر نحو القلوب. كما أن العنصرين معاً يتَّحِدان في فعل الجفول وفي موضوعه وهو رؤية حال المصلوب. ويتضح ذلك عبر الرسم التوضيحي الآتي:

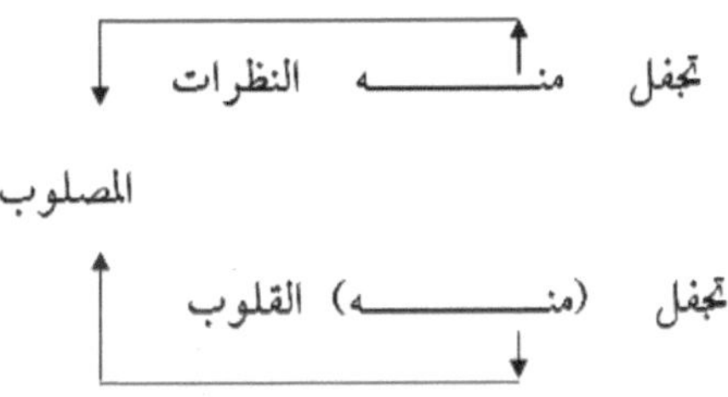

يدفع الاتحاد في الفعل وموضوعِه المتلقِّيَ إلى البحث عن دلائل التشابه والتماثل في عنصريْ الفاعل (النظرات والقلوب)، فهما معاً يحددان نفور الناس ورهبتهم من منظر المصلوب. وكأن السطر الثاني أتى للتأكيد على هذه الفكرة التي تبْرِز جُبنَ المشاهدين وعجزهم؛ فجفولُ النظرات ناجمٌ عن جفول القلوب الجبانة عن مواجهة الحقيقة.

وتحضر هذه الثنائية بشكل أبين وأوضح في السطرين الشعريين التاسع والعاشر:

تحسَّسَ (هو) الجفونَ

فتَّشَ (هو) أغوارَ العيون

فعل + فاعل ضمير + مفعول به

يمثل السطران بنيةَ توازٍ بامتياز، إذ تتضافر التوازيات التركيبية وتتعزّز بتكرار البنية الصوتية في الترصيع بين (الجفون) و(العيون) عبر الاشتراك في الصوائت والصامت الأخير، ليضاف بعد ذلك تماثل على مستوى الدلالة بين كلمتين تحتلان موقعاً استراتيجياً مهمّاً في البيت الشعري هو القافية.

ولعل هذا التماثل من الناحيتين: التركيبية والصوتية هو ما حتَّمَ توازياً دلالياً بالترادف؛ فالكلمات التي تحتل المواقع ذاتها وتشترك في البنية الصرفية تتشابه دلالةً، لتخلق توازياً بارزاً يوحد السطرين الشعريين في الفكرة والحالة الشعورية نفسيهما. إذ التحسُّس نظير التفتيش عن الشيء وهما معاً يحيلان إلى بحثٍ مُضْنٍ وربما يائس عن شيءٍ نادرٍ مُفتقَدٍ[17] هو تعاطف الجمهور مع المصلوب وتمردهم على القهر والظلم. وكذلك الجفون والعيون لفظان أقرب إلى الترادف يدلان على مستقَر مظاهر التأثر والانفعال من ذرف الدموع واضطراب في حركة الجفون.

يُوَحِّد التوازي البيتين مُعلِناً عن حالة من اليأس وفقدان الأمل لدى هذا المصلوب الذي يبحث في عيون الجمهور عن نظرة اهتمام، أو

دمعة تأثر دونما جدوى. ليتحقَّق له (أي التوازي) كذلك بُعْدٌ تأكيديٌّ يُرسِّخُ الفكرةَ ويزيد من صدقها وتأثيرها في ذهن المتلقي؛ فالفكرة تتنامى وتتضخم بالتوازي الترادفي لأن التحسُّس لا يعدو أن يكون بحثاً ظاهرياً، بينما التفتيش هو بحث أعمق ومساءلة حثيثة. والجفون مظهر سطحي على عكس أغوار العيون، مما يبين تصاعد وتيرة الحالة الشعورية التي تعتري المصلوب بتصاعد درجة بحثه عن تعاطف الآخرين.

تحسُّسَ الجفون	⟺	مستوى سطحي
فتش أغوار العيون	⟺	مستوى عميق

هناك انتقال من مستوى سطحي إلى مستوى أعمق ينمُّ عن ارتفاع في درجة تأكيد الحالة الشعورية، إذ كلما ازداد القارئ توغُّلاً في القصيدة ارتفعت نسبة المشاعر والعواطف التي يُراكِمُها ويتلقَّاها من النص على شكل دفقات متنامية، ويُقلِّص الشاعر ما أمكن من الفواصل اللغوية حتى لا يترك له (القارئ) الفرصة كي يفلت منها بل يزيد في جرعتها. وهذه الزيادة هي ما يُبرِّرُ حركيةَ البنية واستقرار المداليل (جمع مدلول) التي لا تثبُتُ إلا نسبياً. بينما تبقى منفتحة على الإضافات التي من شأنها أن تُغْنِيَ الفكرةَ وتمنحها أبعاداً أخرى، اعتماداً على الفارق الطفيف في المعنى بين العبارات المترادفة التي قد «يقع الاختلاف في أمور عارضة لها»[18] على حد تعبير يحيى العلوي (ت 705هـ) في طرازه.

وقد استوعب الشاعرُ هذه الإمكانية من أجل الحفر بعمق في المنظومة العاطفية لدى المتلقي؛ فبارتفاع وتيرة البحث وحُرقة التنقيب يصطدم المصلوبُ بالفشل المريع الذي يسير به نحو مسارٍ سلبي تفقد فيه محاولاته جدواها وأهميتها:

«محاولاتُهُ تَحطَّمَتْ

(محاولاته) تبدَّدتْ هَبَاء»[19]

إن التحطم يعني تكسر الشيء وفقدَه وَحْدَتِهِ وتشظيه إلى أجزاء غير قابلة لتجمع مرة أخرى، بينما التبدُّد يعني اختفاءه واندثاره بعد تجزئته[20]، وتحوله إلى عناصر عصيَّةٍ على الإدراك[21].

كما جمع الشاعر بين الأسطر الشعرية في ثنائيات تُبنى على توازيات متعدِّدة أهمها: التوازي الدلالي بالترادف، ربطَ بين هذه الثنائيات أيضاً بروابط معنوية تُعزِّز وحدةَ القصيدة؛ فالمثالان الأول والثاني يحيلان على درجتين مختلفتين من الشدَّة، تُعبِّران عن تنامٍ في المشاعر والأحاسيس يمكن أن نرمز إليه بالشكل الآتي:

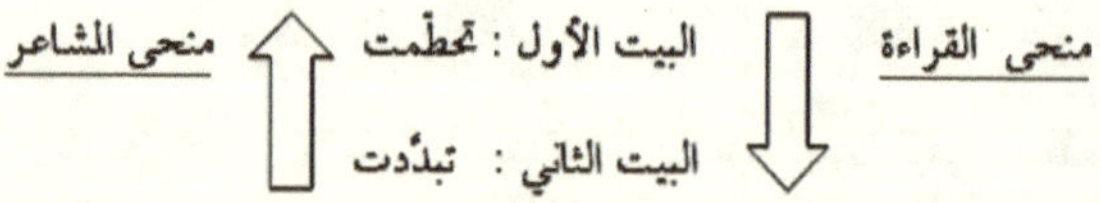

منحى القراءة	⇩	البيت الأول : تحطّمت	⇧	منحى المشاعر
		البيت الثاني : تبدّدت		

فهناك في السطر الأول من الثنائية درجة أقل حِدَّةً وعُنْفاً من وضعٍ يزداد توتُّراً في السطر الثاني. وهكذا يبدأ البحث في مستوى سطحي لينتقل إلى مستوى أعمق في السطر الثاني من المثال الأول ويكون ضياع المحاولات تحطُّماً وتَشَتُّتاً في المنطلق لتختفي في النهاية

وتضيع هباءً. وهذا ما يخلق نوعاً من التوازي الخفي بين السطرين: الأول والثاني على مستوى درجة الفعل والسطرين: الثاني والرابع على مستوى درجة تحقُّقِ الفعل، فهي تبدأ في مستوى معين لترتفع في مرحلة لاحقة. وهذا ما يسهل تلَمُّسُه في الرسم السابق، ويوحي بتداخل التماثل الدلالي بالنموذج العاطفي واشتداد التوتر.

يبدو أن قصيدة (أيوب المعاصر) غنيةٌ بالتوازيات الترادفية التي تلتحم بمستويات أخرى من التوازي على رأسها التوازي التركيبي والأمثلة على ذلك كثيرة:

1 – «دُموعُه مُضَاعَة

2 – سَالَتْ على المَهْد مع الحلِيب

3 – اختلطت مع الدماء

4 – لكنَّ لسانَهُ المقْطُوع

5 – صوتَهُ الذَّبِيح

6 – خَانَاهُ في مِحْنتِهِ الكَبيرة

7 – في الليلَة الضَّريرَة

8 – كان ذِرَاعُهُ مَقْطُوعْ

9 – وأنْفُهُ مَجــدُوعْ»[22]

إنّ اعتماد هذه الثنائيات بكثافة في النص الشعري يكسبه نوعاً

من التلوين الدلالي الخاص، بحيث تتعزَّزُ الفكرةُ، وتتقوى قبل أن يتم الانتقال إلى أخرى قد تحظى هي أيضاً بتكثيف مُمَاثل؛ مما يعني توقفاً متعمداً للشاعر عند محطات بعينها لجذب انتباه المتلقي، ورَكْمِ الشحْنات العاطفية والمعجمية داخلها. وهي محطات متقاربة من حيث الوضعية التي تُعبِّرُ عنها كالإهمال، وغياب التعاطف، وكاليأس والألم، والعذاب، والإحساس بالحسرة... مما تَشِي به ثنائيةٌ يختم بها الشاعر القصيدة حول حالِ المصلوب حيّاً وميِّتاً:

«عَاشَ بِلا صَبْرِ

ومَاتَ فِي العَذَابْ»(23)

كأن الحياة بلا صبر وبلا قناعة أو خنوع أو استسلام تقود إلى الصلب والعذاب جزاءً للتمرد على السلطة وعدم الانضمام إلى جموع الصامتين والتخلي عن أيقونة (الجبان). فكانت ثورة المتمرد وقاحةً يستحق عليها أقسى أنواع العذاب.

وغير خفيّ ما في هذين السطرين من إحالة رمزية على الإنسان العربي المعاصر الذي حكمت عليه الظروف بأن يتجرّع كأس المرارة والهوان دون أن يشتكي، أو أن يعبّر عن آلامه وإلّا عُدَّ ذلك خرقاً لسنن الصبر وفضيلته، ونال على جُرمه الشنيع أشد أنواع العقاب.

إذا كانت النماذج السالفة تقف عند حدود ثنائية السطرين كحد أقصى، فإن هناك من الشعراء العرب المعاصرين من حاول أن يتجاوز هذه الأَسْيِجَةِ الضَّيِّقَةِ ليخلق تنويعات وتلوينات غنية إبداعاً،

ومتعددة موسيقى ودلالةً، تُكسِّر إيقاع التتابع وتهب القارئَ متعةَ الانتقال من فكرة إلى أخرى في صورة أقرب إلى التقاطع والتناوب. وهذا ما يمكن رصده من نماذج عدة من قبيل:

1 – «أنا الذي دَعَوتُكُمْ فَمَا اسْتَمَعْتُمُ النِّدَاء

2 – ولمْ يَعُدْ مِنَ الكُهُوفِ قَادِماً ولَوْ صَدَى

3 – أنا الذي انْزَرَعْتُ بَيْنَكُمْ صَيْحَةً في وَاد

4 – أَحْبَبْتُكُمْ حُبَّ العَجُوزِ وَاحِدِ الأوْلاد»[24]

إنّ السطر الأول في النموذج يترادف دلالياً مع السطر الثالث، حيث يترك المجال في السطر الثاني للتوسع في الفكرة وذكر ملحقاتها وامتداداتها، ليتم الرجوع إليها بألفاظ مختلفة في السطر الثالث.

تدل عبارة البداية «دعوتكم فما استمعتم النداء» على محاولة يائسة لتحريك وجدان المخاطَبين والتأثير فيهم دون جدوى؛ فهم قد ضُرب على آذانهم فلا يستمعون النداء. والجدير بالذكر أن اختيار الشاعر كان في غاية الدقة، ذلك أن الاستماع يعني الوعي والإدراك أكثر منه الاستقبال الآلي للأصوات. وهذا المعنى يتكرر في السطر الثالث لينشئ توازياً دلالياً بالترادف، فالمتكلم ينغرس بين المخاطبين صوتاً، بل صيحة لا تَجد من يتلقاها، ومن يستوعبها أو يتحمس لها فتضيع ولا تترك سوى رَجْعٍ يُوحي بالموت والفناء.

إنّ الترادف هنا قائم بين عبارتين مسبوقتين بترديد استهلالي يُعِدُّ المتلقي لاستيعاب عناصر التماثل في ما سيأتي بعده: فالمتكلم

هو عنصر الفاعلية والحركية وهو المُبادِر، بينما الآخرون سلبيون مكتفون بدور المتفرج.

يتميز هذا النموذج بكونه ينقلنا من مفهوم الترادف بوصفه توازياً بين ألفاظ ومفردات، إلى توازٍ بين جمل وعبارات تحمل معانيَ متقاربة؛ فيكون الترادف بينها مؤشراً على تكرير المعاني قصد التأكيد والترسيخ. ومن نماذج هذا النوع من التوازيات ما جاء في قصيدة «الكمال كفاءة النقصان» للشاعر الكبير محمود درويش:

1 – «الوقتُ طَارَ ولم أطر معه...

2 – توقَّفْ – قلتُ – لم أُكْمِلْ عَشَائي بعد،

3 – لم أشْرب دَوائي كله،

4 – لم أكتب السطرَ الأخير من الوصية

5 – لم أُسَدِّد أي دَيْن للحياة...

6 – وقَدْ رَأتني جَائِعاً قُرْب السياج

7 – فأطعمَتني حبةً من تِينِها

8 – ولقد رأتْني عارياً تحْت السماء

9 – فألبَسَتْنِي غَيْمَةً مِنْ قُطْنِها...

10– ولقد رأتني نائِماً فوْقَ الرصيف

11 – فأسكنَتْنِي نجْمةً في صدرها...»[25]

تتميز هذه الأسطر الشعرية – من البداية – بغناها بتجليات بنية التوازي بدءاً بالتضاد بين (طار) و(لم أطر)، وقبل ذلك بين (الكمال) و(النقصان) في بنية العتبة، وصولاً إلى توازيات ترادفية مصحوبة بتوازيات تركيبية على الخصوص ما بين الأسطر: الثاني والثالث والرابع والخامس. فكلها تعبير عن أمور ظلت ناقصة وفي حاجة إلى إتمام لدرجة أن الشاعرَ يستوقفُ الوقتَ من أجل مَنحِه فرصةً لإنهاء هذه الأمور العالقة: العشاء والدواء والوصية والدين. وهي دوالٌ متماثلةٌ من حيث دلالتها على أمور تأتي متأخرة وتاليةً نهايةَ فترة زمنية سواء أكانت يوماً واحداً أم عمراً:

– العشاء: نهاية اليوم ويرمز إلى آخر الملذات.

– الدواء: يكون في حالة الاعتلال ونهاية القوة.

– السطر الأخير من الوصية: ترتيبات لما بعد الموت في نهاية الحياة.

– تسديد الدَّين: المرحلة الأخيرة بعد أخذ الدَّيْن والاستفادة منه.

كما أن الأفعال المسبوقة بنفي: أكمل، وأشرب، وأكتب، وأُسدِّد هي أيضاً لها نصيب من التماثل الدلالي، علاوة على التقابل في المواقع التركيبية، إذ تحيل جميعها إلى حالات من الكمال المفتقَد الذي يتطلع إليه الشاعر قبل أن يداهمه الوقت ويوقفه عن تحقيق إنجازاته؛ إنه يرغب في أن يحيط ما أمكن بهذه الأفعال إحاطة تامة، بحيث لا يترك مجالاً للنقص فيها، فتكون الصورة المثلى التي يصبو إليها الشاعر كمالاً ذا أوجه متعددة كالآتي:

- إكمال عشائه.

- شرب دوائه كله.

- كتابة السطر الأخير من الوصية.

- تسديد دين الحياة.

إلا أنّ هذا الإكمال لا يتحقق، ويبقى إنجازاً مأمولاً عزيزاً مفتقداً يرزح تحت ثقل النقصان.

ويتحكم في أسطر المقطع الشعري تواز دلالي ترادفي ناجم بشكل كبير عن تقابل المواقع التي فرضت عناصر لها تماثلات ذات صبغة دلالية، كل عنصر منها يتوازى مع العنصر الذي يقابله موقعاً في الأسطر الموالية. وبهذا يسهل تصنيف العناصر المتماثلة إلى بؤر دلالية تتجمع فيها دلالات خاصة هي: بؤرة مؤشر النقص وينضوي تحتها طرف النفي المكرر (لمْ)؛ لأنه يدل على حصول نقصان وعدم اكتمال في عناصر البؤرة الثانية، وبؤرة الأفعال غير المكتملة، وبؤرة الفاعل المتطلع إلى الكمال، وبؤرة موضوع النقص. ثم أخيراً بؤرة ظروف النقص:

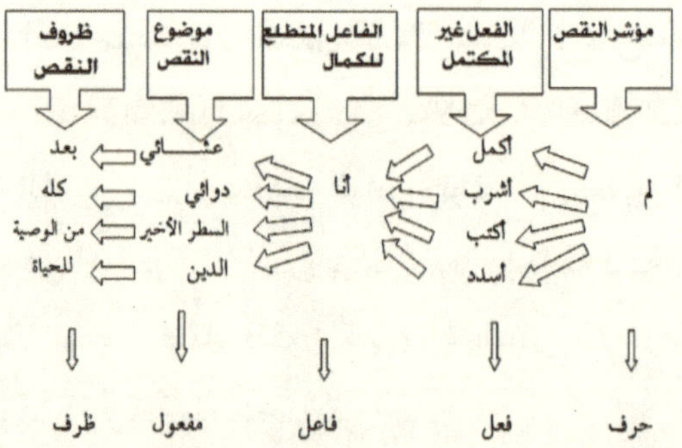

إنّ الانتقال بين البؤر على المستوى الأفقي يقابله ثباتٌ في العناصر المُفرَغة في كل بؤرة على المستوى العمودي، وهكذا تعود المماثلة فتطفو على السطح مع نهاية كل سطر، إذ تكتمل البنية التركيبية المُكرَّرة باستكمال عناصرها من حرف وفعل وفاعل ومفعول وظرف، مُحْدِثَةً دَوْرَةً دلاليةً تامةً باستئثار كل بؤرة بدوالها المناسبة. فتتجمع الأسطر الشعرية فيما بينها مُحدثة وحدةً من نوع خاصٍ تعزِّز فكرةَ التضاد بين الواقع المحكوم بالنقصان والأمل في تحقيق الكمال.

وإذا كانت الأسطر الأولى للنص تُبنى على التتابع والتوالي بين العبارات والجملة المتوازية دلالياً، فتسير وفق منظومة خطية: المتوالية 1= م 2= م3= م4، تتساوى فيها كل متوالية مع سابقتها ولاحقتها، فإن الأسطر التي تأتي بعدها تخضع لبنية مُغايِرة، إذ لا تقوم على التوالي والتتابع، وإنما على التقاطع.

فالسطر السادس لا يتوازى دلالياً مع السطر الذي يليه مباشرة، ولكن مع السطر الثامن، ثم يتماثل هذا دلالياً وتركيبياً مع السطر العاشر. وفي المقابل يقع التماثل بين الأسطر الشعرية: السابع والتاسع والحادي عشر مُحدثاً تقاطعاً يزيد من إحكام نسج النص الشعري وتماسكه، ويوفِّرُ للمتلقي فرصة الانتقال بين المعاني والعودة إليها بالتناوب بصيغة أقرب إلى التشكيل الآتي: (أب أب أب).

[أ] الجوع - العري - النوم فوق الرصيف ⇦ حالة حرجة من النقص و العوز

[ب] أطعمتني - ألبستني - اسكنتني ⇦ إقصاء حالة النقصان

⇩

هيئة خارجية

يتحكم في هذه الأسطر إيقاع التناوب بدل إيقاع التوالي، حيث يستفيد الشاعر من إمكانية النوع الأول في خلق وضعيتين متقابلتين كما تمت الإشارة إلى ذلك: وضعية بَدْئِية ووضعية نهائية تقوم على أنقاض الأولى بعد أن تمحوها. وذلك يتعزز بما تفرضه كل وضعية من تكتل لعناصر تركيبية ودلالية داخل مجموعة ما تتضامُّ إلى بعضها البعض بعلاقات مبنية على الترادف المُصاحَب بالحفاظ على المواقع التركيبية نفسها:

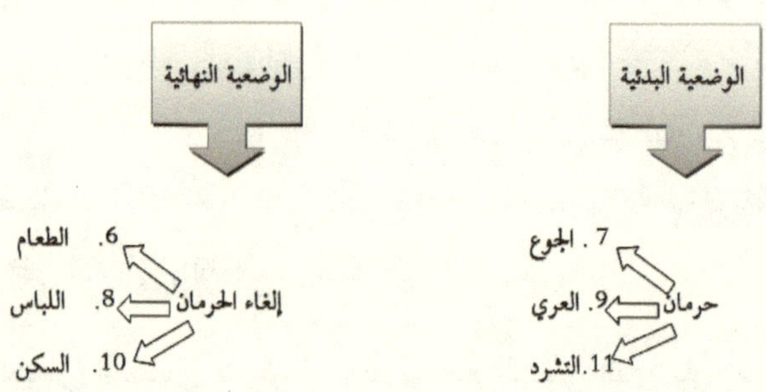

ومن الجلي أن الوضعيتين تحكمها علاقة خارجية سببية، حيث تؤدي الأولى إلى الثانية وتكون سبباً في وقوعها، وعلاقة داخلية مبنية على التضاد بين عناصر المجموعتين (الجوع / أطعمتني)، و(العري / ألبستني)، و(النوم فوق الرصيف / أسكنتني).

هوامش الفصل الأول:

1 – المزهر في علوم اللغة وأنواعها، جلال الدين السيوطي، شرح وتعليق: محمد أحمد جاد المولى ومحمد أبو الفضل إبراهيم، وعلي محمد البجاوي، مكتبة دار التراث، القاهرة، الطبعة الثالثة، (د. ت)، ص: 400 – 401.

2 – انظر الإشارة إلى بعض المصنفات القديمة في هذا الاتجاه للأصمعي، وابن سلام، وابن السكيت وغيرهم... في تقديم كتاب الألفاظ المترادفة المتقاربة المعنى، أبو الحسن علي بن عيسى الرماني، تحقيق: د. فتح الله صالح علي المصري، دار الرشاد، المنصورة، ط. 1، 1987، ص: 8 – 9.

3 – من أنصار هذا الاتجاه، ابن الأعرابي، وثعلب وفارس، وأبو هلال العسكري. . . . انظر الألفاظ المترادفة المعنى، م. س، ص: 15 – 18.

4 – المزهر في علوم اللغة، مصدر سابق، ج1/ 399 – 400.

5 – الفروق اللغوية، أبو هلال العسكري، تحقيق: محمد إبراهيم سليم، دار العلم والثقافة للنشر والتوزيع، القاهرة (د. ت) ص: 22.

6 – فقه اللغة، مفهومه موضوعاته وقضاياه، محمد بن إبراهيم الحمد، دار ابن خزيمة، الرياض، الطبعة، الأولى، 2005، ص: 199.

7 – المنزع البديع، السجلماسي، مصدر سابق، ص: 518.

8 – طريقة التحليل البلاغي والتفسير، مرجع سابق، ص: 56 – 57.

9 – البنيات اللسانية في الشعر، سمويل ليفين، ترجمة: محمد الولي وخالد التوزاني، منشورات الحوار الأكاديمي، مطبعة فضالة، فاس، 1989.ص: 29.

10 – ديوان عبد الوهاب البياتي، المجلد الأول، دار العودة، بيروت، الطبعة الرابعة، 1990، ص: 163.

11 – المنزع البديع، السجلماسي، مصدر سابق، ص: 518.

12 – ديوان الفارس والعتمة، محمد حمدان، دار الرشاد الحديثة، الدار البيضاء، الطبعة الأولى، 1979 ص: 79 – 82.

13 – تحليل النص الشعري، بنية القصيدة، يوري لوتمان، ترجمة وتقديم وتعليق: د. محمد فتوح أحمد، دار المعارف، القاهرة، 1995، ص: 63.

14 – ديوان عبد العزيز المقالح، دار العودة، بيروت، 1996، ص:211_212.

15 – البديع والتوازي، عبد الواحد حسن الشيخ، مكتبة الإشعاع الفني، الطبعة الأولى، الإسكندرية، 1999، ص: 28.

16 – يقول: «ورأيت الآخر قد أعاد عليك اللفظة كأنه يخدعك عن الفائدة وقد أعطاها، ويوهمك كأنه لم يزدك وقد أحسن الزيادة ووفَّاها، فبهذه السريرة صار التجنيس وخصوصاً المستوفى منه المتفق الصورة من حُلَى الشعر، ومذكوراً في أقسام البديع»، كتاب أسرار البلاغة، عبد القاهر الجرجاني، قراءة وتعليق: محمود محمد شاكر، دار المدني، جدة، (د. ت). ص:17.

وفي موضع آخر: «واعلم أن النكتة التي ذكرتُها في التجنيس، وجعلتها العلة في استيجابِه الفضيلة وهي حسن الإفادة، مع أنّ الصورةَ صورةُ التكرير والإعادة»، كتاب أسرار البلاغة، عبد القاهر الجرجاني، م س، ص: 17.

17 – وِرد في لسان العرب لابن منظور: «تحسَّسَ الخبر: تطلَّبه وتبحَّثه... قال ابن الأَعرابي: تَجَسَّسْتُ الخبر وتحسستـه بمعنى واحد. وتحسَّستُ من الشيء أي تَخَبَّرت خبره». ج:9، ص: 871.

– كما ورد عن لفظ فتش: «الفتْشُ والتَّفْتيشُ: الطلبُ والبحثُ»:

لسان العرب لابن منظور، مصدر سابق، ج 37، ص:3341.

18 – كتاب الطراز المتضمن لأسرار البلاغة وعلوم حقائق الإعجاز، يحيى بن حمزة العلوي، المجلد الثاني، مطبعة المقتطف، القاهرة، 1332هـ ص: 155.

19 – ديوان عبد العزيز المقالح، مصدر سابق، ص: 212.

20 – جاء في لسان العرب: «الحَطْمُ: الكسر في أي وجه كان، وقيل: هو كسر الشيِء اليابس خاصَّـةً كالعَظْم ونحوه. حَطَمهُ يَحْطِمُهُ حَطْماً أي كسره، وحَطَّمَهُ فانْحَطَم وتحطّم. والحطْمَةُ والحُطامُ: ما تحطّم من ذلك. الأَزهري: الحُطامُ ما تَكَسّرَ

من اليَبيس، والتَّحْطيمُ التكسير. وصَعْدَةٌ حِطَمٌ كما قالوا كِسَرٌ كأنهم جعلوا كل قطعة منها حِطْمة»، ج:9 ص: 926.

21 – «التبديد: التفريق؛ يقال: شَملٌ مُبَدَّد. وبَدَّد الشيءَ فتبدَّد فرّقه فتفرّق. وتبدّد القوم إذا تفرّقوا. وتبَدّد الشيءُ: تفرّق. وبَدَّه يَبُدُّه بدّاً: فرّقه»، المصدر نفسه، ج 3 ص: 226.

22 – ديوان عبد العزيز المقالح، مصدر سابق، ص: 214 – 212.

23 – المصدر نفسه، ص: 214.

24 – ديوان عبد العزيز المقالح، مصدر سابق، ص: 75.

25 – ديوان أثر الفراشة، محمود درويش، دار رياض الريس للكتب والنشر، عمان، 2008، ص: 174 – 175.

الفصل الثاني:

بنيات التضاد والتوازي النقيض في الشعر العربي المعاصر

1 - توازي التضاد في الدراسات اللغوية والبلاغية:

يعد التضاد أحد الأشكال الرئيسة في مفهوم التوازي، فلقد تم التنصيص على أهميته منذ الدراسات الأولى التي قام بها (روبرت لوث) حول الشعر العبري عندما حدّد أنماط التناظر بين جمل وعبارات هذا النوع من النصوص في ثلاثة أشكال هي: التوازي الترادفي، والتوازي النقيض، والتوازي التوليفي.

ويُعَرِّف (لوث) التوازي النقيض بكونه ما يتحقق عندما «تتضح الفكرة بواسطة تعارض نقيض:

جُروحُ المحِبِّ مأمونَةٌ

وقُبُلُ المُبغِض خَائِنةٌ»[1]

يحضر بُعدان في هذا التعريف: الأول يُحدِّد الخصيصة التي تميز هذا التوازي؛ فهناك الجمع بين عناصر تربطها علاقات التعارض والتضاد مثلما هو الأمر بالنسبة للنموذج المُدرج أعلاه في (جروح وقُبل، والمحب والمبغض، ومأمونة وخائنة)؛ إذ يقابل كلَّ عنصر من الجملة الأولى عنصرٌ مضادٌ له دلالة في الجملة الثانية.

لكن هذا التضاد لا يحول دون التئام أجزاء البيتين الشعريين، بل على العكس من ذلك يزيد من توطد علاقاتها ويرفع نسبة اتحادهما، مما يستدعي استحضار البعد الثاني في تعريف (لوث) والغرض من التوازي النقيض، وهو إيضاح الفكرة والزيادة في درجة استيعابها من طرف المتلقي. ويزيد التقابل بين جروح المُحب وقُبَل المبغض والصفة المرتبطة بكل واحدٍ من الطرفين من وضوح الرسالة التي تبقى واحدة في الحالتين يمكن تحديدها في ضرورة الحذر من المبغض مهما تودَّد إلى الشخص في مقابل الاطمئنان للمحب حتى ولو أوحى الظاهر بالعكس.

إنّ ثنائية التضاد والإيضاح شيء جوهري في النص الشعري، وهذا ما يظهر بطريقة أكثر دقة في نظرية (سمويل ليفين S. Lévine) حول الازدواج، فهو يحاول أن يؤكد الترابط القوي بين الدوال المتضادة من حيث مداليلها لاشتراكها في مفهوم عام موحد، باعتبارها بدائل ذات طابع دلاليّ يمكن أن يقوم بعضها مقام بعض «فمثل هذه البدائل تنتظم أيضاً على أساس التعارض بين المدلولات. هذا الإجراء لا يناقض مبدأ المماثلة الذي أقمناه باعتباره ضرورياً لأجل ضمان الانتساب إلى صنف معين، إذ بنفس الطريقة التي تمكن بها صياغة مجموعات تتكون من أطراف موجبة وسالبة، أو من جمل صادقة وكاذبة يمكن أيضاً إنشاء مجموعات تعتمد على كلمات مثل الليل والنهار أو مسرور وحزين. تكمن المماثلة في هذه الحالة، في كون اللفظين يحيلان على نفس المفهوم العام»[(2)].

تكشف نظرة (ليفين) عن تبصُّر كبير بأسس التعالق بين العناصر

المتضادة، وتبرِّرُ سبب اللجوء إليه في نص شعري يُتوخّى منه تحقيقُ الوحدة والانسجام بين عناصره، فالتضاد ما هو إلا تعبير عن شكل آخر من أشكال الترابط الذهني بين فكرتين أو مدلولين فأكثر.

عندما يُذكر عنصر دلالي في جملة شعرية، فإن الذهن يستحضر ما يقابله ويتقوى هذا الاستحضار الذهني بالإتيان في المنجز اللفظي بالطرف النقيض، فيتم تعزيز ما بدأه الذهن في المتوالية الأولى وتعميمه؛ وبذلك تترابط الأشياء والظواهر ويصبح دور الشاعر قائماً بنسبة كبيرة على الكشف عن هذا الترابط والتذكير به؛ فلا ينحصر تفكيره في الأشياء والعناصر في انفصالها واستقلاليتها بقدر ما يبحث عن مظاهر الترابط والتعالق ولو على سبيل التضاد «فأن تمارس التوازي يعني أن تمتلك رؤية تجميعية وتستطيع التعبير عنها بالكلمات»[3]، بحيث يتم التجميع عبر مجموعة من الصور من بينها التضاد.

ولقد كان البلاغيون العرب على درايةٍ بأهمية التضاد بوصفه عنصراً تحسينياً يدخل في إطار البديع على خلاف الترادف الذي انحصرت النظرة إليه عند القدماء في الجانب اللغوي الصرف اللهم إشارات طفيفة إلى بعض المُحسِّنات كمراعاة النظير[4]. لهذا لا بدّ من تقصي معالم هذا المقوم البديعي في علاقته بالتوازي الدلالي بوصفه مفهوماً حديثاً له جذور في البلاغة العربية، بحيث يمكن الوقوف عند أبرز العناصر التي تمثل نقاط التقاء بين الطباق والمقابلة وبين التوازي والتضاد.

يقول الأصمعي (ت 216 هـ) المطابقة: «أصلها وضع الرجل في موضع اليد في المشي عند ذوات الأربع. وأنشد النابغة بن جعدة:

«وخَـيْـلٍ يُطابقنَ بالدّراعين
طِباقَ الكلابِ يَطَأْنَ الهراسَـا»

ثم قال: أحسن بيت قيل لزهير في ذلك:

«لَيْثُ بِعَثَّرَ يَصْطَادُ الرّجَالَ إذَا
مَا اللَّيْثُ كَذَّبَ عَنْ أَقْرَانِهِ صَدَقَا»»[5]

وفي هذا التعريف ما يشير إلى وعي الأصمعي بالبعد الخفي في الطباق وهو التماثل، فلا يقف الأمر عند حدود الاختلاف والتضاد وإنما لا بدّ من وجود قدر من التناظر والتماثل، ولو على مستوى المواقع، مادام الطباق في الأصل هو أن تضع الدواب قوائمها الخلفية في مواضع قوائمها الأمامية، وإن كان هناك اختلاف بين العنصر الذي يحتل الموقع، كما يقع الاختلاف بين القائمتين: الأمامية والخلفية. ولعل هذا ما يتضح جزئياً من المثال الذي أورده الأصمعي ففي مقابل كذِب الليث وعدم قدرته على الافتراس كباقي أقرانه، يصدق الليث الذي بِعَثَّرَ ويفعل ما لم يتمكن من القيام به الليث الأول. ولهذا الرأي جذور تَمُتُّ بكبير صلة إلى الخليل بن أحمد الفراهيدي (ت 175هـ) الذي نقل رأيه ابن المعتز (ت 296 هـ) في كتابه البديع: «يقال طابقت بين الشيئين إذا جمعتهما على حذو واحد»[6] أي على مثال واحد جاء في لسان العرب: «وحذا النعل حذوا وحذاء. قدرها وقطعها. على مثال ما يقال حذا النعل بالنعل ويقال حذا فلان حذو فلان فعل

مثل ما يفعل. وفي الحديث: لَتَرْكَبُنَّ سَنَنَ مَنْ كان قَبْلَكُمْ حَذْوَ النَّعْلِ بالنَّعْلِ؛ الحَذْو: التقدير والقطع، أَي تعملون مثل أَعمالهم كما تُقْطَع إحدى النعلين على قدر الأُخرى. والحِذَاءُ النعل»[7]. ومن هنا قد يفهم من قول الخليل الجمع بين الشيئين لفظين كانا أو جملتين، ووضعهما في الموقع نفسه أو في موقعين متقابلين حتى يظهر كأنهما متماثلان رغم ما فيهما من اختلاف، فلم يقل الخليل (الشيء الواحد) وإنما ذكر شيئين مما يؤكد وعيَه بما يُميز هذا المقوّمَ البلاغي من تمازج بين صفتيْن أو سِمتين: سِمة الاختلاف وسِمة التشابه.

ولعل هذا الوعي هو ما دفع بلاغياً عربياً قديماً بمكانة قدامة بن جعفر (ت 337هـ) إلى أن يسمّي الطباقَ تكافؤاً ويُعرّفه بكونه «أن يصف الشاعر شيئاً أو يذمَّه ويتكلم في أي معنى كان، فيأتي بمعنيين متكافئين»[8]. ويزيد الأمر إيضاحاً عن طريق استشهاده ببيتٍ شعريٍّ يكشف تصورهُ الخاص للتكافؤ، فتأتي عبارته الشارحة رافعة للبس محتمل: «والذي أريد بقولي متكافئين في هذا الموضع أي متقابلين إما من جهة المصادرة أو السلب والإيجاب أو غيرها من أقسام التقابل مثل قول أبي الشعب العبسي:..

«حُلْوُ الشَّمَائِلِ، وَهْوَ مُرٌّ بَاسِلُ
يَحْمِي الذِّمَارَ صَبِيحَةَ الإرهـاق»»[9]

فالغرض الأساس الذي يتم التركيز عليه عند قدامة، هو تحقيق التكافؤ بين المعنيين، دون أن يكون ذلك بالضرورة ناجماً عن التضاد، وبهذا يعطي هذا الناقد الألمعيُّ تصوراً متفرداً في البلاغة العربية

حول مُقومٍ بديعيٍّ اعتبره من (نعوت المعاني) في الشعر، يختلف عما ورد عند البلاغيين الآخرين الذين ربط معظمهم الطباق بالتضاد.

وهذا ما ذهب إليه صاحب كتاب الصناعتين عند حديثه عن المطابقة فيقول: «قد أجمع الناس أن المطابقة في الكلام هي الجمع بين الشيء وضده، في جزء من أجزاء الرسالة أو الخطبة أو البيت من بيوت القصيدة مثل الجمع بين البياض والسواد، والليل والنهار، والحر والبرد»[10]. ويستدل على صحة رأيه بالرجوع إلى المعنى اللغوي: «والطباق في اللغة الجمع بين الشيئين يقولون طابق فلان ثوبين ثم استعمل في غير ذلك، فقيل طابق البعير في سيره إذا وضع رجله موضع يده، وهو راجع إلى الجمع بين الشيئين قال الجعدي:

«وخَيْلٍ تُطَابِقُ بِالدَّارِعَيْنِ طِبَاقَ الكِلاَبِ يَطَأْنَ الهِراسَا»

وفي القرآن: (سَبْعُ سَمَاوَاتٍ طِبَاقًا) أي بعضهن فوق بعض، كأنه شبه بالطبق يجعل فوق الإنـاء»[11]. غير أن في هذه الاستشهادات اللغوية ما يوحي بالتركيز على احتلال الموقع نفسه، أكثر من التشديد على علاقة التضاد بين الطرفين، فانطباق السماوات على بعضها يعني احتلالها مواقع متوازنة، وكذلك الطباق بين الثوبين، والطَّبَق يجعل فوق الإناء. وهي إشارات لطيفة إلى عنصرٍ ظل مُصاحباً الطباقَ وحاضراً في عدد من الشواهد من الأبيات الشعرية ومن القرآن الكريم والحديث النبوي الشريف التي مثلث له. وهو التشابه في المواقع[12] القائم على أساس التوازن بين أجزاء الكلام خاصة عند البلاغيين الأوائل الذين «يستفاد من كلام ابن رشيق: أنهم كانوا

يطلقون المطابقة أو الطباق على هذه الأصناف الكثيرة من الشعر التي يعمد فيها الناظم إلى كلام سابق، يتحرى أن يلحقه بكلام آخر موازٍ له، واقع في موقعه، وكما تقع أرجل ذوات الأربع مواقع أيديها على حد تعبير الأصمعي، وكما يقع النعل على المثال على حد تعبير الخليل»[13].

تكشف هذه الإشارة الحسَّ الفنيَّ الذي امتلكه البلاغيون الأوائل، والذي دفعهم إلى التركيز على جمالية التناسب الموقعي بالإضافة إلى جمالية الجمع بين الشيء ونقيضه؛ إذ كان التوازن في الكلام هدفاً جليّاً للمبدعين، في الشعر خاصةً، ويختارون صورَهُ القائمةَ على الطِّباق؛ ففي حالات كثيرة تدل عليها النماذجُ المستشهَدُ بها في هذه الظاهرة البديعية، كان هاجس التوازن والتناسق بين عناصر الكلام حاضراً بقوة، بحيث يكون التضاد أو الطباق جزءاً من منظومة فنية يروم الشاعر العربي إسقاطها على إبداعه الشعري بوصفها آلية تجذب انتباه المتلقي عبر تقابل التراكيب والأصوات زيادة على تقابل المعاني، فالأوضاع والمواقع عُدَّت عند بعض البلاغيين أمراً حاسماً في الطباق أمثال حازم القرطاجنّي الذي يقول بهذا الخصوص «المطابقة هي أن يُوضَعَ أحدُ المعنيين المتضادين، أو المتخالفين، من الآخر وضعاً ملائماً»[14]، ويستشهد على أحد أنواع المطابقة بنماذج يظهر فيها التوازن ومراعاة تناسب التركيب يقول: «وهي تنقسم إلى محضة وغير محضة، فالمحضة مفاجأة اللفظ بما يضاده من جهة المعنى كقول جرير:

«وبَاسِطِ خيرٍ فيكُم بيمِينِه   وقَابِضِ شرٍّ عَنْكُمُ بِشِمَالِيا»»[15]

رُتِّبتْ مفردات هذا البيت حسب تقارب معانيها من جهة، وحسب تناسبها تركيباً وصوْتاً من جهة أخرى؛ إذ ينطبق الشطر الثاني على الأول انطباقاً تاماً من هذه الجوانب، فلفظة باسط يقابلها كلمة على وزنها مع تضاد في الدلالة هي قابض، وخير يقابلها شر، وكذلك الأمر في كل من شبه الجملة: (فيكم) الذي يعني الاحتواء، مقابل عبارة (عنكم) الدالة على الانزواء والازورار والبعد، و(يمينه) التي يقابلها (شماليا).

وباسط	خير	فيكم	بيمينه
#	#	#	#
وقابض	شر	عنكم	بشماليا

ولعل التركيز القويَّ على التوازن في النماذج التي استحضرت بُعْدَ التضاد أو المطابقة هو ما جعل بعض البلاغيين ينْحتُون مصطلحاً جديداً اعتُبِرَ جِنْساً أعلى ينضوي تحته الطباق، وهو المقابلة التي تعني «إيرادَ الكلام ثم مقابلته مثله في المعنى واللفظ على جهة الموافقة أو المخالفة»[16]. فتكون المقابلة بذلك مشتملة على الطباق باعتباره جمعاً بين متضادين فأكثر، كما ينضوي تحتها الجمع بين عنصرين متوافقين لفظاً أو معنى أو هما معاً.

ونظير هذا التصور ما أشار إليه صاحب (المنزع البديع)، بمفهوم المناسبة الذي يأخذ بعين الاعتبار تناسق أجزاء الكلام والتحامها بواسطة علاقات ذات أشكال مختلفة، حيث يقول عن هذا المقوم الفني

الذي يعتبر النوع الثاني من التكرير العالي: «وقد سمي في البلاغة النظرية في كتاب الشعر موازنة باعتبار معادلة أجزاء القول بعضها لبعض والتئام نسبة بعضها إلى بعض بتلك المعادلة[17]».

ثم يشير، بعد ذلك إلى أن المناسبة تضم بوصفها نوعاً من التأليف الفني للكلام حسب العلاقات الرابطة بين أجزائه «أربعة أنواع: الأول: إيراد الملائم، الثاني: إيراد النقيض، الثالث: الانجرار، الرابع: التناسب[18]».

فالمُعوَّلُ عليه هنا هو مراعاة التناسب بين أجزاء القول ومكوناته، بحيث يرتبط اللاحق بالسابق في نوعٍ من التماسك الناجم عن عديد الارتباطات والعلاقات من بينها التضاد.

إن التضاد أو الطباق – إذن – من المباحث التي نبَّه إليه البلاغيون العرب أوائلُهم ومتأخروهم، وإن اختلفت النظرة إليه من فئة إلى أخرى. فقد ظل حضوره، بوصفه ممارسةً إبداعيةً ومفهوماً بلاغياً لافِتاً للنظر ومُثيراً للاهتمام.

وبغض النظر عن التفريعات الكثيرة التي ذهب إليها البعض، والتمايز في استيعاب محتوى المفهوم، فإن الظاهرة استوقفت معظم البلاغيين العرب وجعلتهم يدلون بدِلائِهم فيها. ولا بدّ أن ذلك مؤشرٌ واضح على خطورتها، ومدى قدرتها على التوغل في المنتوج الإبداعي العربي القائم في شقه الشعري خاصة على التوازن بمختلف أبعاده.

وتوضّحُ الدكتورة «عائشة حسين فريد» هذا الدور الكبير للطباق في قولها بعد أن استنفدت الحديث عنه وعن أقسامه، وناقشت ما

أوردته من نماذج: «ومن كل ما تقدم من أمثلة، يبرز دور الطباق في إكسابه المعنى وضوحاً وقوة وجزالة، وجمعه بين أطراف الموضوع سلبياته وإيجابياته. وفيه إيقاع التوافق بين ما هو غاية في الاختلاف[19]».

وتفسر الباحثة سبب هذه القيمة الكبيرة للتضاد وعِلَّتها بكونه «من الأمور النظرية التي لها علاقة وثيقة ببلاغة الكلام، إذ الضد أقرب خُطوراً بالبال عند ذكر ضِدِّه، فالطباق ينقل غرض المتحدث، ويُبرِزه في صورة قويةً مؤثِّرةً»[20].

إن التوارد والتعالق في الذهن بين الصور والمعاني المتضادة، مبنيان على ترابطات وثنائيات لا تقف عند حدود اللغة والبلاغة، وإنما تمتد فتشمل مكونات الحياة ككل كثنائية الخير والشر، والليل والنهار، والأبيض والأسود والقوي والضعيف... ذلك أن التضاد، على حد تعبير الدكتور منير سلطان «نوع من التوازن الضروري لاستمرار الكون والكائنات، الماديّ منها والمعنويّ»[21].

وهذا التوازن هو ما يجعل التضاد يدخل في صميم العملية الإبداعية خاصة منها الشعرية؛ إذ يمثّل تناسبات بين أجزاء الكلام يجتمع فيها التشاكل والتباين لفظاً عبر تقاطعات صوتية وتركيبية، ومعنىً بالانتماء إلى الفكرة الغُفْل نفسها من جهة، والتقابل بين قسيميها فأكثر من جهة ثانية. وهذا ما دفع به إلى الحدود القصوى من الأداء الفني عامة والشعري خاصة، إذ يُعدُّ دِعامة أساسية من دعامات الشعرية على اختلاف بيئاتها ومرجعياتها سواء أفي

منجزها العربي أم غيره. فابتداءً من الإشارات الأولى للتوازي كان التضاد عنصراً جوهرياً في مقاربة النصوص الشعرية، انطلاقاً من قراءات «روبرت لوث» للتراث الشعري العبري، حيث حدد أشكال التوازيات في هذا الشعر في ثلاثة أضرب هي: التوازي الترادفي والتوازي النقيض، والتوازي التوليفي.

وعرَّف النوع الثاني استناداً إلى خصوصية هذا المقوم المزدوجة أولاً باعتبار تشكله وانتمائه إلى جنس التوازي وما يفرضه من تضعيف الكلام ورصد عناصره في نوع من التقابل المنظم، وثانياً باعتبار الوظيفة التي تُؤَدِّيها أو المقصد من الإتيان به واستعماله في الكلام. وفي هذا يقول «يتألف النوع الثاني من التوازي من متواليات متضادة متوازية، تُبنى على أساس إيضاح الفكرة عن طريق تقابل التضاد والذي يتحقق بطرق مختلفة»[22].

يُظهر هذا التعريف المقتضب ما لعملية الإيضاح من أهمية في التوازي النقيض، إذ المعاني فقط لا تتضح وتتجلي بتكرارها أو إعادتها أو اتباعها بما يلائمها وما يرادفها فقط، وإنما هي تتعزز وتزداد تأكيداً وقوةً في ذهن المتلقي بالتضاد والتقابل. وبذلك تُبنَى وحدة النص الشعري ويتم تدعيم ما يضمه من معانٍ.

قريب من هذا التصور ما جاء في كتاب (البنيات اللسانية للشعر) حول مفهوم الازدواج، إذ تسمح هذه العلاقات الدلالية الرابطة بين مكونات النص الشعري بالحفاظ على وحدته في شكله الخاص دون تغيير؛ فعلى العكس من النصوص النثرية التي تتلاشى بمجرد أدائها لدورها الإعلامي والإخباري ويتم تعويض ألفاظها بأخرى مقابلة لها

تدل عليها، تنزع الرسالة الشعرية إلى البقاء والاستمرارية بصياغتها وألفاظها، وبعبارة أخرى تتمتع الرسالة الشعرية بدوام لا تتمتع به الرسالة العادية»[23]. وذلك بفضل التماثلات التي يغتني بها النص الشعري وتشكل جزءاً مهماً وأساسياً من بنيته والتي لها الدور الأكبر في تحقيق مقوم الوحدة في القصيدة، وترسيخه تركيباً وألفاظاً في ذهن المتلقي.

يُعَدُّ التماثل الدلالي عبر التضاد عنصراً في هذه المنظومة، فتسهم العلاقات الدلالية بين مفردات النص الشعري وجمله وتراكيبه في تعزيز الترابطات والتعالقات داخله، مما يُيَسّرُ عمليةَ إعادة إنشاء القصيدة واسترجاعها في الذاكرة من خلال استحضار هذه الأشكال الفريدة من العلاقات غير المألوفة بالنسبة للمتلقي العادي، بخلاف النثر الذي يجنح إلى المعيارية، وإلى فتح باب الاختيارات والاستبدالات على مصراعيه، مما يُصعِّبُ مهمةَ الاسترجاع الحَرْفِيِّ للصيغ الشكلية للنص النثري.

يسهم التوازي النقيض الذي يفترض علاقات دلالية خاصة، في جانب كبير منه في منح الخصوصية والتفرد للبناء الفني في النص الشعري، مما يشكل خطوة أولى نحو الحفاظ عليه واستدامته في الذاكرة التي تمثل أبرز الخصائص المميزة للنص الشعري عن النثر حسب (سمويل ليفين) صاحب مفهوم «الازدواج Coupling». وهو يقول بهذا الصدد، واصفاً النثر: «في هذا النمط من الرسائل لا يوجد أي عنصر يمكن أن يسهل على المتلقي مهمة العودة لتفكيكه بنفس الصورة الأصلية... وفي كل الأحوال فلا وجود في الرسالة الأصلية،

لشيء يمكنه أن يدفع المتكلم إلى اختيار عنصر مُحدَّد دون عنصر آخر حينما يحاول إعادة إنتاجه»[24]. وبذلك يجد متلقي الخطاب النثري صعوبة في استعادته حرفياً بعد تلقيه واستيعاب مضامينه، ويستعيض عن شكله بصيغ أخرى بديلة يؤلِّفُها بناءً على الإمكانات الهائلة التي تُفْتَحُ في وجهه على مستوى الاختيارات والبدائل. أما القصيدة فهي تُضَيِّقُ بابَ الاختيار وتَحُدُّ من حرية التلاعب بالصيغ والمفردات، بما تفرضه من قيودٍ ناجمة عن تواتر العلاقات والوشائج الدلالية والصوتية والتركيبية بين مكوناتها، فيصبح المتلقي – إلى حد ما – مجبراً على استرجاعها بشكلها ووحدتها كما تم إنتاجها من قِبل الشاعر إن أراد أن يحافظ على كل ما فيها من طاقات دلالية وفنية كامنة. لهذا «فإن القصيدة تتقدم إلى كل واحد منا بوصفها رسالة تمثل سلسلة من التماثلات (الازدواجات) التي تسمح للفرد بإعادة إنتاجها أو العودة إلى تركيبها بكل سهولة. إن البنية المخصوصة للقصيدة تدفعنا إلى اختيار سلسلة من العناصر الملموسة من بين كل السلسلة التي يوفرها سَنَنُ اللغة. وهناك يكمن مصدر الدوام الذي يميز القصيدة»[25]. ورغم الاختلاف الطفيف بين الازدواج والتوازي، والذي لا يعدو أن يكون اختلافاً بين شكليْن أو صيغتين للظاهرة الفنية نفسها، ذلك أن الازدواج حالة أخص من التوازي. وإن كانا معاً يحيلان إلى بنية التوازن المُمَيزة للنص الشعري.

ورغم ذلك فالهدف الذي حدده (سمويل ليفين) للغة الشعرية اعتماداً على مفهوم الازدواج يبقى متحققاً إلى أبعد الحدود في التوازي بكل أشكاله وبالخصوص التوازي النقيض، فغرابة الجمع

بين المتضادات من جهة وسهولة ورودها مجتمعة على الخاطر من جهة أخرى يُعزز بُعْدَ الاستمرارية والدوام؛ فأن تتضادَّ المفرداتُ أو الجمل والعبارات، فهذا من قبيل العلاقات الدلالية المتفردة التي يسهل استحضارها على المستوى البدليّ. أمَّا أن تُرَصَّ هذه المتضادات في متواليات داخل نص واحد، فهذا مما يُسقط علاقة التضاد من مستوى الاختيار والبدل إلى مستوى التركيب، ويمنحها شكلاً متفرداً يُسَهِّل على المتلقي استرجاعه بعد تلقيه واستدامته في ذاكرته.

2 – التوازي النقيض في المتن الشعري العربي المعاصر:

يشكل التوازي النقيض أحد الأشكال الأساسية البارزة في النص الشعري سواء أَلَدى المنظرين في الغرب أم في التصور العربي القديم من خلال مصطلحات ومفاهيم قريبة من هذا الشكل كالطباق والمقابلة والتكافؤ عند قدامة، والموازنة عند ابن رشيق (ت 456هـ). وهو تصور تحكمه الذائقة الشعرية العربية المسكونة – إلى حد الهوس – بهاجس التوازن لفظاً ومعنى، إنتاجاً وتلقياً. فلم تكن كل تلك المماحكات والنقاشات الدائرة حول الطباق بدءاً بالخليل، والأصمعي، ووصولاً إلى بلاغيي وفلاسفة القرن الثامن الهجري المتأخرين إلا تعبيراً واضحاً عن حجم حضور هذه الظاهرة في الإبداع الفني العربي القديم وعناية المبدعين بها خاصة منهم الشعراء. وهذا ما يدفعنا إلى التساؤل حول مدى صلاحية هذا المفهوم لمقاربة الظاهرة الشعرية العربية المعاصرة، بعد أن كان في نسخته العربية القديمة مكوِّناً جوهرياً لملامسة هذه النصوص والحكم عليها بالجودة أو الرداءة.

لعل الإجابة ستكون أوضح وأكثر إقناعاً بالاحتكاك المباشر بالنماذج والأمثلة المستقاة من المتن الشعري المعاصر. لكن لا بأس من التأكيد على مستوى التنظير على أهمية هذا المفهوم في التناولات النقدية للنص الشعري المعاصر من جهة، ثم على وجود تقاطعات كبيرة بين الشعرين: التقليدي والحر؛ إذ رغم ما يمكن أن يقال عن خطورة وجذرية التغييرات التي طرأت على الشعر العربي في صيغته المعاصرة، فإنها لم تُقْصِ المقوماتِ الفنيةَ القديمة كلها، ولم تنشأ من عدم. وإنما ظلت – على تجديدها المفرط – محتفظة ببعض الثوابت كالإيقاع الوزني، وبعض مظاهر التوازنات الصوتية كالترصيع والموازنة والجناس.

ولعلَّ هذا ما يبرر استمرار أشكال التوازي في المنجز الشعري العربي المعاصر من جهة، ويفسر – من جهة ثانية – قيمة التوازي بوصفه ضرورة شعرية وفنية نابعة من صميم جوهر الشعر وتركيزه على الرسالة في ذاتها، وتجسيداً لطبيعة التنظيم الداخلي الفريد الذي تُبنَى عليه. وهو تنظيم يتحقق عن طريق التكافؤ كما يشير إلى ذلك (يوري لوتمان) في كتابه: (تحليل النص الشعري) بقوله: «يتجلى التكرار في النص الأدبي باعتباره إحداثاً لمبدأ التنظيم على المستوى الموقعي، نعني التنظيم عن طريق التكافؤ»[26]؛ إذ إن الشعر يتجاوز الخَطِّيةَ الصارمة التي يخضع لها النثر، والتي ترفع وتيرةَ التشديد على المعاني والمضامين، وتهميش الشكل والصياغة الفنية، ويميلُ (الشعر) إلى نمط تكراري فيه عَـوْدات إلى محطات متعددة في النص من أجل إثارة انتباه المتلقي إليها وإشعاره بما تكتنزه من

معطيات جمالية ودلالية. ويزيد (يوري لوتمان) الأمر إيضاحاً بقوله: «والتكرار في النص الفني ما هو إلا تسمية تقليدية تطلق على العلاقة بين عناصر البنية الفنية، وهي العلاقة التي تتجلى في خاصيتين: التناقض والتطابق؛ فالتناقض يعني تمييز النقيض فيما يبدو متطابقاً، أما التطابق فيُقصدُ به إلى المزج بين ما يبدو متمايزاً»[27].

وبذلك يمكن اعتبار التوازي النقيض عاملاً أساساً في تكرارية البنية الفنية، إذ الجمع بين عنصرين متضادين أو أكثر في السطر الشعري أو في القصيدة ككل يعني أكثر من التعبير عن فكرتين مختلفتين أقصى درجات الاختلاف والتمايز؛ فهو مؤشر أسلوبي على وجود علاقات ومناطق خفية على المتلقي أن يكتشفها ليستطيع وضع يده على مكامن الجمال والإبداع في هذا البناء الفني المتفرد.

إن النص الشعري العربي المعاصر – إذن – نظرياً له ما يبرر استثماره ظاهرة التوازي النقيض. فمن جانب، لهذه الظاهرة أصول وامتدادات في إبداعنا القديم استطاع البلاغيون والنقاد رصد أهمها في كتبهم، ومن جانب آخر يمثل جزءاً من إبداع فني إنساني يخضع لثوابت تفترض حضور أشكال متعددة للتوازي من أبرزها التوازي النقيض.

ولذلك يمكن القول: إن الشاعر العربي المعاصر استحضر مفهوم التوازي النقيض في قصائده انسجاماً مع الجذور الفنية لإبداعاته، وطبيعة الشعر وما تفرضه من تكرارات بنائية تقوم على عنصريْ المشابهة والاختلاف.

غير أن قراءة متأنية لنماذج من هذا المتن الشعري تكشف ثراءً

لا حدود له على مستوى التنويعات والتلوينات التي يمكن أن تنشأ عن التوازي النقيض، حيث تفتَّقَتْ عبقريةُ الشاعر العربي المعاصر عن إمكانات يصعب التطرق إليها جميعها أو الإحاطة بكل جوانبها. ومع ذلك يمكن تلمس بعض معالمها عبر أمثلة لها من الاشتراك في المبدأ الموحَّد والاحتفاظ بالثابت الفني مثل ما لها من الفرادة والتميز، بحيث يصبح كل نموذج، مهما صغر حجمه، رؤية خاصة وصياغة تظل محتفظة بطراوة التجربة الشعرية وتضيء جوانب مُعتمة في إبداع الشاعر، ببصمات وآثار أنامل الشاعر الرقيقة في لحظات الإبداع والمخاض العسيرة.

يتميز هذا النوع من التوازي بصعوبة التصنيف لكثرة ما يحضر في الشعر العربي، ولتعدُّد مظاهره من شاعر إلى آخر ومن قصيدة إلى أخرى. بل الأدهى من ذلك، وما يزيد الأمر صعوبة على الدارس، اعتماد الشعراء في بعض القصائد على أكثر من شكل من أشكال التوازي النقيض. وهذا مما يرفع من درجة التكثيف ويصل بالجمالية الإبداعية إلى حدود قصوى يستحيل الإحاطة بدروبها ومسالكها المتشعبة جميعها في دراسة واحدة. لهذا ولهدف منهجي ليس إلا، سنجتزئ بعض النصوص ونختار منها مقاطع أو أسطراً شعرية تمثل بعض أشكال هذه الظاهرة المميِّزة. الأمر الذي يضعنا أمام تشكيلات تخضع لتقاطعات عدة على مستوى الموقع والدلالة بمعنى أنها تتحقق بين مفردات في السطر الشعري الواحد، بينما تمتد أخرى على سطرين فأكثر وتختلف في المواقع التي تحتلها ما بين القافية وصدور الأسطر الشعرية أو أواسطِها. وهناك توازيات النقيض بين

السياقات التي تشير إلى وجود أكثر من سياق داخل النص الشعري في علاقة تضاد... ولكل شكل تبريراته الفنية والدلالية التي كان الشاعر العربي يَتصيَّدها ويرمي إلى تحقيقها سواءً عن وعي وقصد، أم عن عفوية محكومة بموهبة وحس فني يحركان المبدع ويتحكمان في اختياراته ومقاصده.

ورغبةً في الخروج من مأزق التعددية المفرطة، والتنويعات العصيَّة – إلى حد ما – على الحصر، يمكن تبني تصنيفات تستهدف العناصر المتضادة، والتي لا تعدو أن تكون لفظة أو جملة أو عبارة أو سطراً شعرياً أو سياقاً ينسحب على أكثر من سطر، وقد يعم القصيدة برمتها.

1 – 2 – تضاد المفردات:

يفترض التوازي النقيض القائم على علاقة التضاد بين المفردات بدوره إمكانات هائلة حسب مجموعة من الاعتبارات أهمها: المواقع التي تحتلها هذه المفردات المتضادة، وما إذا كانت تبنى على المجاورة أو التقابل، وما إذا كانت المتضادات تستقر في سطر شعري واحد أم تتوزع بين سطرين فأكثر. لهذا يمكن تبني تصنيف جزئي: التوازي النقيض المحلي /الأحادي، والتوازي المزدوج، والتوازي المقطعي..

أ – توازي المفردات الأحادي:

يحضر هذا النوع في نماذج كثيرة من الشعر المعاصر، ويؤدي

دلالات متعددة تختلف من نص لآخر، فمثلاً قد يجسد توازي التضاد الأحادي وسيلة لإبراز الطبيعة المتناقضة والمعقدة لبعض المفاهيم التي قد تجمع في جوهرها بين الشيء ونقيضه في الآن نفسه.

وذلك مثل قول الشاعر محمود درويش، في ديوان (أثر الفراشة)[28]:

«قاتلٌ وبَريء

هو الحبُّ كالموجِ

تكرارُ غِبطتنا بالقَديمِ الجديد»

تجتمع هذه الأسطر الثلاثة حول نُويَّة واحدة في السطر الثاني هي الحب الذي يعادل ويماثل الموج؛ فكلاهما متقلبان لا يثبتان على حال، وكلاهما يخضعان لازدواجية نقيض لأن الحب القاتل هو نفسه الحب البريء والغبطة المكررة والمتواترة في هذه العاطفة ناتجة عن ثنائية ضدية أخرى هي القديم والجديد.

إن الطبيعة المتفردة هي التي تجعل الحبَّ يَتَّشِحُ بهالة من الغموض. وهي التي تمنحه القدرة على الجمع بين المتناقضين وتسويته بينهما. فالتمثل والبراءة تماماً كما القِدَم والجِدّة يتساويان ويتناظران في معادلة تخلقها عاطفة الحب المتفردة.

لكن هذه الازدواجية، مع ذلك، لا تسعى إلى خلق تساوٍ كامل بين العنصرين المتضادين في السطر الأول من النموذج، فهناك ملامح اختلاف في درجة حضور كل صفة من الصفتين المتعارضتين في

الحب، فقاتِل من الناحية الصرفية مشتقٌّ يدل على الفاعلية الظرفية المؤقتة: أي أن اسم الفاعل يدل على صفة عارضة كما تحيل على ذلك كتب النحو والصرف، بينما لفظ (بريء) يدل في صيغته الصرفية باعتباره صفة مشبهة باسم الفاعل على «معنى ثابت»[29]. وهذا يكشف إلى حدٍ ما نزوع الشاعر في هذا التوازي النقيض نحو إبراز الخاصية التي يتفرد بها الحب ويتميز عن باقي المشاعر والعواطف.

إنه يجمع بين القتل والبراءة، يقود إلى الهلاك كما يبعث الطمأنينة في القلوب، غير أن الصفة الدائمة والجوهرية فيه تبقى هي البراءة التي تخلق الفرحة المتكررة والمستمرة: فرحة اكتشاف الجمال وروعة الحياة في كل لحظة. تلك الفرحة التي لا تميز بين قديم وجديد. بينما لا يعدو القتل أن يكون سمةً عرضية زائلة، لا ترقى في قوَّتها ودرجة تأثيرها إلى الصفة الثابتة.

وكما استغل الشاعر هذا النوع من التوازي لإبراز طبيعة بعض المفاهيم التي تحمل في ذاتها عناصر متناقضة، استفاد منه أيضاً في إبراز خصوصية الحياة وقوانينها التي تفرض تتابع وتوالي حالات مختلفة ظاهرها التناقض وباطنها تجسيد فعلي لاستكمال الحياة دورتَها وتحقيق معادلاتها التي يصعب التنبؤ بها. يقول أمل دنقل في قصيدة (كلمات سبارتاكوس الأخيرة):

1 – «لا تحلُمُوا بعالمٍ سَعِيد

2 – فَخلْفَ كل قيْصرٍ يموتْ، قيصرٌ جديد

3 – وخلف كلِّ ثَائِرٍ يَمُوت، أحزَانٌ بلا جدوى

4 – ودَمْعةٌ سُدَى»[30]

تَعُجُّ هذه الأسطر – على قلتها – بالتوازيات وعلى رأسها التوازي النقيض الذي يتجلَّى للقارئ بدءاً من السطر الأول في هذا النموذج: إن الحكم يفترض تصور عوالم سعيدة مبهجة تتعالى بالإنسان عن الواقع والكائن إلى ردهات الممكن والمأمول وإلا تحول إلى كابوس. غير أن هذا المقطع الشعري وكلمات سبارتاكوس يقولان شيئاً مختلفاً تماماً عن هذا المعنى عبر أداة النهي (لا)، إلا أن هذا الحرف لا يمنح للجملة التي تأتي بعده هنا المعنى الأصلي الذي هو «طلب الكف عن الفعل على وجه الاستعلاء»[31]، وإنما يخرج بها إلى معنى استلزامي نفهمه من السياق. وهو أن المخاطبين محرمون من الأحلام السعيدة أصلاً، وغير قادرين على الاستمتاع بها. والأسطر اللاحقة توضح سبب ذلك:

فخلْفَ كُلِّ قَيْصَرٍ يَمُوتُ، قَيْصَرٌ جَدِيد

فالتضاد بين صفتي (الموت) و(الجِدة) المنسوبتين لقيصر يبرز _ على عكس الظاهر الذي قد يوحي بحالتين متناقضتين _ استمرار وضعية واحدة تبقى جاثمة على المحكومين الضعفاء هي هيمنة المستبد الطاغية على الحكم واستئثاره به دونهم، وعند موته ينبثق طاغية جديد ليكمل مهمة سلفه.

وفي المقابل، خلفَ كُل ثائر يموت ليس هناك من ثائر جديد يُعوِّضه ويُعضِّد أفعاله السابقة، وإنما أحزان ودموع تذهب أدراج الرياح بلا جدوى، فيترك بذلك موت الثائر فراغاً يؤدي إلى إضعاف الثورة

والإجهاز عليها ما دامت العناصر التي تُفقَد تنتهي إلى العدم، دون أن يُفسَح المجالُ لاستنباتها وانبثاقها من جديد، على النقيض تماماً من موت القيصر الذي يؤدي إلى ظهور قيصر جديد يخلفه. وهذا ما يُنهي القضية ويحسمها لصالح الطاغية على حساب المستضعفين والثوار.

ولقد أبدع الشاعر في إبراز هذه الفكرة عبر اللجوء المكثف إلى التوازي النقيض سواء بين عناصر السطر الشعري الواحد، أم بين هذه العناصر وما يليها من نظيراتها تركيباً ونقيضاتها دلالةً في السطر الموالي، ليكون بذلك التضاد مؤشراً أسلوبياً مهيمناً على هذه الأسطر أفقياً وعمودياً كما هو مبين في الشكل الآتي:

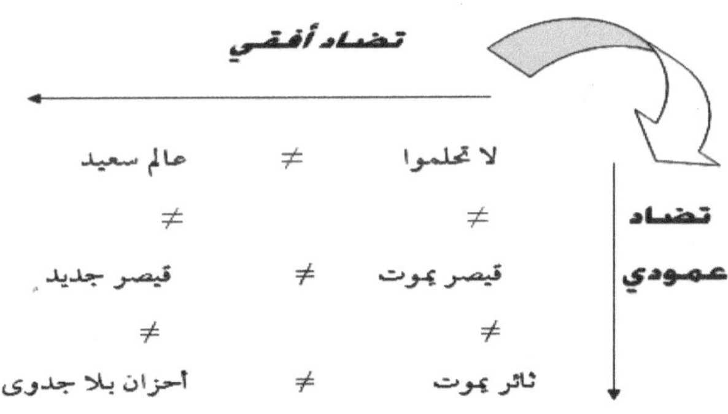

إذا كان التوازي النقيض الأفقي أو الخطي يكتنف العناصر المؤلفة للسطر الشعري الواحد، ويستفيد من تنافر المتجاورات من ألفاظ وعبارات مثل (لا تحلموا، عالم سعيد) و(قيصر يموت، قيصر جديد) و(ثائر يموت، أحزان بلا جدوى)، فإن المقطع الشعري يتيح قراءة أخرى موازية ومتقاطعة مع الأولى يبرز فيها التوازي النقيض في بعده العمودي الذي يتجاوز السطر الشعري ليستحضر علاقات

دلالية تضادية بين العناصر التي تحتل مواقع متقابلة، وبذلك تكون عبارة (لا تحلموا) متضادة مع (قيصر يموت) باعتبار موت القيصر أمراً غير مطموح إليه ولا مطْموعٍ في تحقيقه ولو في عالم الأحلام والخيال. ومثل هذا يمكن أن يقال عن عبارتي (قيصر يموت) و(ثائر يموت)، فالقيصر يقع على طرف نقيض من الثائر الذي يعد متمرداً ورافضاً لسلطة الطاغية ومنتصراً للشعب المُعرَّض للمذلة والهوان من طرف القيصر. كذلك بين (قيصر جديد) و(أحزان بلا جدوى)؛ ففي حين يؤدي موت قيصر إلى حياة أخرى يستهلها القيصر الجديد، يظل موت الثائر عقيماً لا يقدر على منح الحياة لثائر آخر جديد، وإنما يولد أحزاناً عديمة الجدوى والفائدة لا تفضي في النهاية إلى شيء ذي بال. وهذا ما يلخص مأساة الإنسان العربي – حسب الشاعر – في انعدام التوازن بين قوتين متناقضتين: قوة الحاكم المتجددة، وقوة المحكوم التي يمثلها الثوار، والتي تتراجع بموت كل ثائر وفنائه، مما يؤدي إلى نتيجة حتمية تَمَّ الإفصاحُ عنها في السطر الأول من هذا المقطع هي عدم إمكان تحقيق السعادة للمحكومين التعساء، ولو في عالم الخيال مادامت موازين القوى تميل كل الميل إلى جانب الطاغية، ومادامت الثورة تفتقد إلى الحَطَب الذي من شأنه أن يشعل فتيلها ويضمن دوامها واستمرارها.

وعن طبيعة الحياة وكونها حُبلى بالمتناقضات خاصة في الحاضر الذي فقدت فيه القيم القديمة وعوضت بأخرى غريبة في مكوناتها ونتائجها، نجد نصاً شعرياً لأدونيس يُكثِّف هذه الفكرة ويحاول أن ينقلها من زاوية متفردة يكون الأطفال ركنها الركين ومرآتها

الصقيلة التي تُعرّي الحقائق في شفافية قلَّ نظيرها. يقول في قصيدة (الأطفال)[32]:

1 – «قرأ الأطفالُ كتابَ الحاضِرِ، قَالوا:

2 – هذا زَمَنٌ

3 – يتفتَّحُ في رحِمِ الأشْلاء

4 – كتَبُوا:

5 – هَذا زمنٌ شاهدْنا فيه

6 – كيْف يُربِّي الموتُ الأرضَ

7 – وكيفَ يخونُ الماءُ الماءْ».

لن نقف طويلاً عند التوازي النقيض الخفي بين الفعلين «قرأ» و«قالوا» المصرَّفين في الزمن الماضي والكتاب المضاف إلى الحاضر؛ فالبنية النحوية والمنطق يفرضان تصريف الفعلين في المضارع تماشياً مع طبيعة الكتاب المقروء.

لكن الشاعر آثر خلق توتُّر ناجمٍ عن تناقض خفيٍّ من شأنه أن يثير انتباه المتلقي إلى المفارقة التي يمكن إيجاد تأويل ومخرج لها في أن معالم الحاضر ومكوناته قد تبدَّت في علامات سالفة دلت عليها، وانكشفت للكل ولم تعد خافية حتى على أكثر الناس براءة وبساطة وهم الأطفال. لهذا يأتي في السطر الثالث ذكر مُحدِّدات هذا المشهد الذي ينطلق بفعلٍ فيه حياة وحركة وهو الفعل (تفتح) الذي قد يكسب

الفاعل سمة إيجابية باعتبار العنصر الذي قد يمثل له بديلاً في هذا السياق وهو الزهور. لكن تفتح الزمن الحاضر نحو الموت والتمزق بخلاف الزهور؛ إنه تفتح يتحقق في رحم الأشلاء. وفي هذه العبارة الأخيرة تواز نقيض صريح وظاهر بين الرحم الذي يجمع في دلالته معاني الولادة والحياة والتلاحم[33] والأشلاء التي مفردها شِلو وهي تدل على معاني التمزق والموت والفناء فالشلو «العضد والجمع أشلاء، وقال ابن دريد شلو الإنسان جسده بعد بِلاه»[34].

فالبيت يختزل توازياً نقيضاً بين عنصرين دالين على الحياة والولادة وهما: فعل (يتفتَّح) و(رَحِم)، وبين عنصر يحمل دلالة مضادة هو لفظ الأشلاء. وفي ذلك إشارة بليغة من الشاعر إلى ما أصبح يحفل به الزمن الحاضر من قيم تقود نحو مزيد من الفردية والانقسام والتشرذم.

بالانتقال إلى السطرين: السادس والسابع نكتشف توازياً نقيضاً في عدة مواضع؛ فالفعل (يُرَبِّي) يدل على النماء والزيادة والاستمرار[35]. في حين يحيل الموت على دلالات الفناء والنهاية والتوقف، وكذلك بين هذه اللفظة الأخيرة وبين لفظة الأرض التي تدل على الرحم الذي تتشكل منه الحياة. وكذلك الأمر بين الفعل (يخون) والماء الدال على الطهارة والنقاء. وبين لفظ (الماء) الأول الذي يعطيه إسناد فعل الخيانة إليه دلالة الخائن، ولفظ (الماء) الثاني الدال حسب موقعه في الجملة على الذي تعرض للخيانة. وبين الخائن والذي يتعرض للخيانة ويصطدم بتبعاتها تضاد أكثر من الصريح.

إن التوازي النقيض يشكل عصب الحياة في هذا النص الشعري لأنه يحتل ثلاثة أبيات من أصل سبعة أي بنسبة 42،85% باعتبار أبيات القصيدة وحضور التوازي النقيض فيها أو غيابه. ثم إن الأسطر الشعرية التي يَبْرُزُ فيها هذا النوع من التوازي تمثل نقاط ارتكاز مهمة في القصيدة، فالأبيات الأخرى لا تعدو أن تكون تمهيداً ومدخلاً لإيصال المتلقي إلى المعاني التي يؤديها التوازي في الأبيات: الثالث والسادس والسابع، وهي معانٍ تصبُّ في طبيعة هذا الزمن الحاضر الذي يحفل بالمتناقضات نتيجة تغير القيم وتحول المعايير، حيث يطغى التمزق والصراع والموت والخيانة وفقدان البراءة والطهر والنقاء.

وقد استثمر الشاعر التوازي النقيض ليبرز الهُوّة السحيقة بين الماضي والحاضر من زاوية خاصة يمثلها الأطفال في براءتهم، وهم الذين يصطدمون أكثر من غيرهم بقسوة الحاضر وعنفه؛ إذ في كل سطر من الأسطر التي يحضر فيها التوازي النقيض نجد لفظاً دالاً على سمةٍ سلبية تجسّد بُؤراً تتجمع فيها باقي العناصر عبر علاقة تضاد؛ ففي حين تحضر لفظة أشلاء لتناقض دلالياً كلمتيْ (تفتح) و(رحم)، تدخل في علاقة تعارض مع الفعل (يربِّي) و(الأرض).

أما البيت السابع فينكفئ على لفظة محورية هي الفعل (يخون) الذي يتعارض مع كلمة الماء المكررة مرتين. وبذلك يمكن التمثيل لهذه العلاقات الخاصة التي يفرضها التوازي النقيض كالآتي:

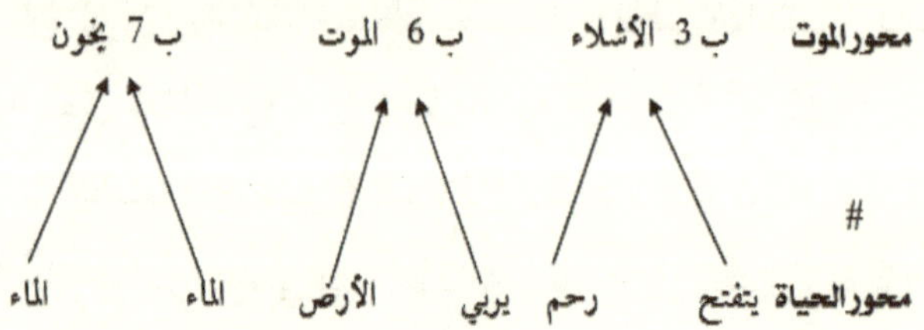

يكشف الرسم عن نوع من التماثل بين الألفاظ المحورية في التوازي النقيض، من حيث استئثارُ كل واحدة منها بعنصريْن تدخل معهما في علاقة تضاد مُنشِئةً توازناً كمّياً يبرز تساوي المعاني التي تجسدها من تمزّق وموتٍ وخيانةٍ. وفي المقابل ينشأ توازٍ دلاليٌّ أقرب إلى الترادف بين هذه العناصر. والأمر نفسه يمكن أن يقال عن الألفاظ: يتفتح، رحم، يربي، الأرض، الماء؛ فكلها تدل على الحياة مما يقسم هذه الأبيات إلى محورين: الأول محور الموت تتماثل فيه الألفاظ داخل هذه المجموعة، بينما تتناقض مع عناصر المحور الثاني: محور الحياة الذي يضم عناصر متماثلة داخل تكتلها في المحور الخاص بها، لكنها تتناقض مع عناصر المجموعة الأولى، مما يفرض قراءة مزدوجة للعلاقات الرابطة بين مكونات التوازي النقيض: أفقية تتناظر فيها العناصر المنتمية إلى المحور الدلالي نفسه، وعمودية تتعارض وتتضاد فيها العناصر عندما يتم الانتقال من محور إلى آخر. وتعبر هذه الازدواجية عن التناقض بين زمنيْن: زمن سابق كان يحفل بمقومات الحياة ويعج بالحركة، وزمن حاضر مرصودٌ للموت والخيانة.

ومن النماذج التي وظَّف فيها الشاعر التوازي النقيض ليعبر عن

تغير القيم وافتقاد الثوابت ما جاء في قصيدة «بيني وبين البحر» للشاعر فاروق شوشة[36]:

1 – «هذا طريقُ الموت

2 – مفتوحٌ على لغةٍ تعرَّى ساكنوها

3 – والهوانُ بلاغة

4 – وتراجُعُ المدِّ الجليل زعامة

5 – وخِيانةُ الموتى

6 – سبيلٌ للخلاص!».

يكشف الشاعر في هذا المقطع عالم الإنسان العربي الموبوء، والمسكون بقيم الموت والفساد عبر التوازي النقيض بين العناصر المنتمية إلى البيت الشعري الواحد، باستثناء البيتين الأخيرين اللذين يمثلان جملة شعرية واحدة يصعب فصل جزئها الأول عن الثاني لترابطها نحوياً وتركيبياً: باعتبار أحدهما مبتدأ أي مسنداً إليه والآخر مسنداً، والجملة لا تستقيم إلا بوجود الطرفين معاً: المسند والمسند إليه، كما يشير إلى ذلك النحاة[37]. ومن ثَمَّ تترابط العناصرُ والألفاظ في البيتين ترابطاً يجعلها تجسد توازياً أحادياً أفقياً على غرار عناصر البيتين الثالث والرابع من هذا المقطع. وبذلك تُخْلَقُ ثنائيات ضدية هي: (الهوان≠ بلاغة) و(تراجع≠ زعامة) و(خيانة≠ خلاص)، وتزداد هذه الضدية بروزاً بفضل الترابط النحوي الذي يتخذ شكلاً واحداً هو العلاقة الإسنادية في الجملة الاسمية بين المبتدأ والخبر؛

ومن ثم يأتي التوازي التركيبي ليُعضّد ويعزز قيم التضاد التي تحفل بها العناصر في الجملة الواحدة التي يُفترَضُ أن تترابط بعلاقات دلالية مبنية على التماسك والتماثل:

العلاقة التركيبية:		علاقة إسناد
المبتدأ		الخبر
الهوان	≠	بلاغة
تراجع المد	≠	زعامة
خيانة الموت	≠	سبيل للخلاص
العلاقة الدلالية:		علاقة تنافر وتضاد

إن الانتقال من المبتدأ إلى الخبر في كل حالة يقود إلى تنامي الإحساس بالانهيار والتقهقر عبر تغير جذري للقيم والمفاهيم في لغة يطرق بابها الموتُ بإلحاحٍ بعد أن تعرَّى ساكنوها ورضُوا بالذل؛ فالهوان والضعف عندهم بلاغة، والتراجع زعامة، والخيانة سبيل للخلاص. وهنا أيضاً يؤدي التضاد إلى حضور بؤرتين: بؤرة تضم القيم الفاسدة التي كانت سبباً في اغتيال اللغة بين ظهرانيْ مُتكلِّمِيها مثل: الهوان والتراجع والخيانة، وبؤرة تجمع إليها القيم المُفتَقَدَة، والتي شُوِّهت معالمُها وغُيرت دلالاتُها عنوة: وهي البلاغة والزعامة والخلاص.

ولا شك في أن تكتل الألفاظ المتوازية في مجموعتين أسهم في تعميق الفوارق والاختلافات بينهما، وفي تعزيز دور التوازي النقيض الذي أصبح يمتد على جبهتين متكاملتين: جبهة الألفاظ المفردة،

حيث تواجه كلُّ لفظةٍ مُقابلتَها، وجبهة السياقات التي تتجمع فيها هذه المفردات، إذ يُجابه سياقُ القيم السلبية بما فيه من دوال تؤشر على الهوان والتقهقر والخيانة، سياقَ القيم الإيجابية مُنشِئاً مفارقةً تزداد حدة بتوالي التشبيهات البليغة التي يتم فيها الانطلاق في كل مرة من قيمة سلبية قصد تشبيهها بأخرى إيجابية. وفي هذا إعلاء من شأن الأولى ومَدْحٌ لها وإنقاص من شأن الثانية كما يشير إلى ذلك ابن رشيق عند حديثه عن التشبيه في حالة اختلاف الطرفين من حيث المرتبة والمكانة، فإذا تم تشبيه الأدنى بالأعلى – وهذه هي الحال هنا – كان ذلك مدحاً للمشبه ورفعاً لمكانته، حيث إن «سبيل التشبيه – إذا كانت فائدته إنما هي تقريب المشبه من فهم السامع وإيضاحه أن تشبه الأدْوَنَ بالأعلى إذا أردت مدحه وتشبه الأعلى بالأدون فإذا أردت ذمه فتقول في المدح: تراب كالمسك وحمص كالياقوت وما أشبه ذلك»[38].

ويمثل الرفع من شأن هذه القيم الفاسدة سبباً في انهيار المقوم الثقافي الجوهري في المجتمع العربي وهو اللغة. التي تصبح أداة لتزييف الحقائق، وبَهرجة الفساد وتزيينه بدل أداء دورها الحقيقي في تعرية الواقع والكشف عن سَوْءاته. ولقد كان لتكاثف الجانبين البلاغي والنحوي دور جوهري في إبراز هذا المشهد الذي رام الشاعر إيصاله إلى المتلقي عبر لغة مختارة بعناية على مستوى الألفاظ والعلاقات الدلالية والتركيبية الرابطة بينها، وهذا ما يفرض رصداً دقيقاً لمكوناته وبنيته اللغوية لإدراك ما تحمله من شحنات دلالية وعاطفية؛ ذلك أن «التعامل مع التراكيب اللغوية في الشعر

ينبغي أن يكون حَذِراً لأنه تعامل مع الفن، وهو مستوى عالٍ يكون فيه استخدام العلاقات الحقيقية بين المفردات واستخدام العلاقات المجازية جنباً إلى جنب. والعلاقات الحقيقية نفسها تدخل في إطار غيرها من العلاقات المجازية وتنجذب إليها (وأساس العلاقات كلها علاقات نحوية) ويدخل غيرها في إطارها وينجذب إليها، ويحدث بينهما من التداخل والتجاذب ما يحتاج معه إلى التلطف في الكشف والإيضاح»[39].

لهذا تتلاحم العلاقات الإسنادية التركيبية، في النموذج، بعلاقات التشبيه البلاغية وتتقاطع في نوع من التجاذب والتداخل، بحيث يصعب فصل بعضها عن بعض، إذ العلاقة الإسنادية بين المبتدأ والخبر هي جوهر التشبيه وأداته، والعلاقتان تمثلان معاً صورة ينقل عبرها الشاعر وجهة نظره الخاصة إلى القارئ، ويجعله يتفاعل معها.

هكذا يلجأ الشاعر العربي المعاصر إلى التوازي النقيض بين السطر الشعري الواحد ليؤدي أغراضاً متعددة، قد تكون رصداً لطبيعة مفهوم مُتشَعِّب يحتمل في بنيته عناصر وهيئات مختلفة لدرجة التناقض والتضاد كالحب مثلاً، أو كشفاً لكُنْهِ وجوهر الحياة المعاصرة الحافلة بالتناقضات، أو بيانَ التغييرِ الذي طال الإنسان العربي وقذف به في عالم يفتقد لأبسط القيم النبيلة التي عرفها في الماضي. وفي هذا نوع من المقارنة الخفيّة أو أحياناً الظاهرة التي يُجريها الشاعر بين عهديْن: ماضٍ مجيد وحاضر مُخْزٍ. الشيء الذي يوحي بنبرة حزينة فيها حظٌّ وافرٌ من التشاؤم وانتقادٌ صريح للأوضاع التي حطّمت

الإنسان العربيَّ وجعلته يفقد الإحساسَ بالجمالِ وقدرته الكبرى على الصبر والتحمل، وعزمه الحديدي. وعن ذلك يقول فاروق جويدة في مقطع شعري[40]:

«وفوق الزهورِ يمُوتُ الجَمال

وتحتَ السُّفوح...

تئنّ الجِبَالُ

ويَخْبُو مع القهْرِ

عزمُ الرجال».

وهنا يحتل التوازي النقيض أيضاً الصدارة، عبر تساند عناصر متنافرة ومتضادة دلالياً، إذ يتم إسناد الأفعال إلى فواعل غير محتملة، مما يُخلقُ إجراءات أسلوبية من شأنها إثارة انتباه القارئ؛ فالجمال من المفروض أن يتسم بالدوام. إنه قيمة ثابتة مستمرة، ومن ثم إسناد فعل الموت إليه إشارة إلى وضع غير طبيعي يتعزَّز بتنافر آخر بين الجبال الدالة على القوة والصلابة والشموخ وفعل الأنين المسند إليها، والذي يفترض في فاعله الضعف والمرض والعجز. وكذلك الأمر بالنسبة للفعل (يخبو) الدال على الانطفاء والفناء وانهيار عزم الرجال الذي من المفروض أن يكون مُتَّقِداً وصَلْداً لا يلين.

أتت التوازيات الأحادية الأفقية في هذا المقطع الشعري مصحوبة بتوازٍ تركيبي قائم على اطِّرَاد البنية التركيبية نفسها. وهو ما يظهر بوضوح كبير عند مقارنة الجمل الفعلية في أبيات المقطع مع نوع

من التصرف في التركيب، بإرجاع العناصر إلى مواضعها ورُتَبِها الأصلية؛ فتصبح هذه المتواليات الجُمْلية كالآتي:

فعل	فاعل	ظرف	مضاف إليه
يموت	الجمال	فوق	الزهور
تئن	الجبال	تحت	السفوح
يخبو	عزم الرجال	مع	القهر

يتكثَّفُ التوازي النقيض في بدايات الجمل بين الفعل والفاعل، مع حضورٍ مُكَثَّفٍ للتوازي التركيبي الذي يُعزِّز أيضاً بتوازيات صوتية واضحة من قبيل الجناس غير التام في كلمات (الجمال، والجبال، والرجال)، وللموازنة بتكرار الصوائت بين (الزهور والسفوح) و(فوق، وتحت) اللذين تحكمهما علاقة تضاد أيضاً رغم انتمائهما إلى مدلولٍ عامٍّ مُوحَّد هو الظرف المكانيّ المُحدد لموضع تحقق الفعل السلبي ومكانه في الفاعل الإيجابي. وغير خفي ما لتوازي ألفاظ (الجمال والجبال والرجال) موقعاً وبنيةً، من إتاحة الفرصة للقارئ للحفر في العلاقات الدلالية وعناصر التماثل بينها؛ فهي كلُّها تحيل إلى مدلولات من المفروض أن تتسم بالثبات والاستمرارية والدوام. لكن الشاعر يأبى إلَّا أن ينزع عنها هذه السِّمة ليكشف مكامن الخلل في المجتمع.

وكما يتحقق التوازي النقيض الأحادي في السطر الشعري عبر علاقة إسنادية تجمع بين طرفين متنافرين ومتضادين دلالياً، يمكن أن يَنشأ أيضاً من خلال مجاورة تُبنى على العطف خاصة بحرف

«الواو» الذي يدل على مطلق الجمع كما يدل على التسوية. ومن نماذج ذلك هذان السطران من قصيدة لأمل دنقل:

«في الليل؛ في حضْرة كافور؛ أصابني السأم[41]

في جلستي نِمتُ... ولمْ أنم»

يقع التضاد بين عنصرين: الأول مثبت والثاني منفي، وهذا ما أسماه بعض البلاغيين القدماء بطباق السَّلْب لاختلاف العنصرين المتضادين إيجاباً أو سلباً[42].

وكذلك قول الشاعر في القصيدة نفسها:

«قالتْ: سئمتُ من مصرَ، ومن رَخاوَةِ الركود[43]

فقلتُ: قد سئِمتُ مِثلكِ القيامَ والقعود

بين يديْ أميرها الأبلهْ»

إذ يتم الجمع بين المتضادين المتجاورين بواسطة حرف العطف «الواو» لإبراز وصول المتنبي إلى قمة الملل والسأم في حضرةِ مَلِكٍ يَفْتَقِدُ لقِيمِ العروبة، ولا يُقَدِّرُ الشاعرَ حقَّ قدره بخلاف ما كان عليه الشأن عند «سيف الدولة».

ثم هما إنَّ القيام والقعود صفتان على تضادهما تُعبِّران عن حالة مُركَّبةٍ واحدة هي الركود والاستسلام للراحة والدَّعَة على عكس «سيف الدولة» الذي كان يدافع عن العروبة في معارك لا تتوقف.

هذا بالإضافة إلى التضاد بين كلمتين: الأمير والأبله في البيت الأخير. والشاعر هنا يتوسل بالنعت طريقةً لإبراز هذا التوازي النقيض بين مُهمَّةٍ تحتاج إلى كبير ذكاء وفطنة، وبين نعتٍ صريح بالبَلَه وفقدان أبسط دلائل التعقُّل.

ب – توازي المفردات الازدواجي:

وهو ذلك النوع من التوازي النقيض الذي يمتد على سطرين مُحدثاً ثنائية واحدة أو أكثر في النص الشعري، وهو بدوره يتخذ شكليْن أساسيْن: أولهما تتابع السطرين المتوازيين، وثانيهما يتحقق عبر إيقاع التناوب، حيث يفصل بين السطرين اللذين تتوازى كل عناصرهما أو بعضها، فاصلٌ قد يكون سطراً أو أكثر من سطرٍ.

ولأنه لا يمكن الحديث عن الصُّدفة في المجال الفنيّ عامّةً والشعر خاصّة، فإن اختيار هذا النوع أو ذاك من التوازيات يحمل في طياته قصدية عميقة سنحاول أن نترصد بعضاً من جوانبها على قدر الإمكان أثناء اشتغالنا على نماذج من الشعر العربي المعاصر.

*** إيقاع التوالي:**

إذا كانت اللغة المعيارية لا تعبأ كثيراً، في إيصالها للمعاني، بالصيغة اللفظية التي تختفي وتَنْمَحِي معالمُها بمجرد تحقيقها لوظيفتها الإعلامية، فإن «لغة الشعر على النقيض من ذلك تعتني أيَّما اعتناء بها، وتُحتِّم أن تبدو مثل هذه الصيغة اللفظية في وضع تقابل أو تواز

مع الواقع اللفظي لكلمة أخرى. الأمر الذي ينتج عنه ارتباط الصيغتين برباط المشابهة»[44]. وهذا ما يجعل اللغة الشعرية رغم القيود التي تفرض عليها مقابل وفرة الإمكانات في اللغة المعيارية، تتسم بغزارة في الدلالات وتفرض تلقِّياً واعياً يحيط بكل مُكوناتها والعلاقات المتحكمة فيها، مما يجعلها «أغزر معاني، وأكثر مواءمةً لنقل البنى الدلالية التي لا تستطيع نقلها اللغة العادية»[45]. وهذا ما يتجلى في بنية التوازي التي تتحكم في أبيات القصيدة وتفرض على المتلقي استحضاراً مُكثَّفاً للتواشجات الحاصلة بين الأبيات الشعرية عبر هذه الآلية، التي تجمع في شكلها النقيض وفي إيقاع التوالي والتتابع بين أبيات متوالية في ثنائيات لا يمكن استيعابها إلا بعد إدراك أطرافها وفهم العلاقات الرابطة بينها.

ومن النماذج على هذا النوع من التوازي ما جاء في قصيدة «تنويعات استوائية» للشاعر العراقي[46]:

«كان العدوُّ الذِي يرتَدِي كلَّ أَسْمَاءِ من قاتلوا تحتَ رايتكَ المُعلنة

كلّ أسماءِ من قاتلوا ضِدَّ رايتكَ المعلنة

كلّ أسماءِ منْ قاتَلوا

كلَّ أسماءِ منْ خاتَلوا:

الحنينْ

وها أنتَ منهزمٌ:

تدخُل المصعدَ، الساعةَ الثامنهْ

تهبط المصعدَ، الساعةَ الثانيهْ

أيُّهذا العدوُّ الذي ظل يطردني ويطاردُني. . . في البلادِ

البعيدهْ

أيهذا العدوُّ الذي كنتُ ألمَحهُ في الشَّجَرْ

والذي كنت أقْتَاتهُ في سُطور الجريدهْ

أيهذا الحنينْ

أيهذا الأنينُ الذي كنتُ أسْميتُه وطنا».

يجسد هذا المقطع الشعري نماذج متنوعة لازدواجات نقيضة، تختلف من حيث المواقع التي تحتلها في الأبيات المتوالية، إذ يتوسط الثنائي النقيض الأول البيتين الأول والثاني عبر كلمة «تحت» التي تعني هنا في السياق الذي وردت فيه «القتال» مع المخاطب ولصالحه، ولفظة «ضد» التي تدل على العكس.

وبذلك تخلق الثنائية الأولى، رغم اقتصارها على مكون واحد في كل بيت مع الاحتفاظ بباقي المكونات، تضاداً صارخاً بين حالة القتال معَ والقتال ضِدَّ. ولقد أدى تكرار باقي الوحدات وتغيير عنصر وحيد في البيت إلى نَبْرِ هذا التضاد، وجعله أكثر تأثيراً في المتلقي الذي يصدمه – بعد هذا الكم الكبير من التكرارات – تضادٌّ يتوسّط البيتَ ليتم الرجوع إلى التكرارات من جديد. ولعل هذا الموقع الوسطي

المفصليّ تنبجس عبره دلالةٌ كبرى على مركزية التضادّ المتحكّم في البيتين مما يشير إلى حِرْبَائيَة العدو الذي يتزيّن بمظاهر مختلفة تُخفي نواياه تارةً وتُعلنها أخرى.

أما الحالة الثانية من التوازيات الازدواجية النقيضة، فيمكن رصدها في السطرين الشعريين: الثالث والرابع اللذين يتَّسمان بتكرار استهلالي لعبارة: «كل أسماء من»، مع تغيير في العنصر الذي يحتل موقع القافية بين فعلين متضادين هما: قاتلوا، وخَاتَلوا؛ فالأول يشير إلى فعل شجاع ينمُّ عن إيمان بمبدأ ثابت ومحاولة الدفاع عنه، والثاني يشير إلى فعل الْتِفَافِيٌّ يعتمد على الختل والخديعة. ولابد أن التجانس بين اللفظين زاد من أثر التوازي النقيض، حيث ارتفعت درجة الإيهام إلى أقصى حالاتها نتيجة التشابه الصوتي في معظم الأصوات؛ فالاختلاف لا يقع إلا في الصامت الأول عن طريق الانتقال من القاف، وهو صوت مجهور شديد يدل على الطبيعة العلنية للقتال، إلى صوت مهموس رخو يوحي بسِرِّية فعل الختل والخداع. لكن مع ذلك تزداد وتيرةُ توقع المتلقي للتشابه الدلالي (قاتلوا وخاتلوا) نظرا لكثرة العناصر المشتركة وقرب المخارج بين الصوتين المختلفين في الصفات فيكون للتضاد أثر المؤشر الأسلوبي الذي يشد انتباه المتلقي ويرفع قوة حفزه، وتركيزه على التوازي خاصة أن الفعلين يمثلان موقعيْن أساسيْن في تمركزهما في آخر البيتين ليُعلنا عن قافية فئوية[47] تشترك فيها اللفظتان في الصنف وتختلفان معنىً.

إن عناصر التماثل متعددة، حيث يقع الاشتراك في مجمل الأصوات وفي الموقعين التركيبي والنَّظمي (القافية)، بينما يتحقق

الاختلاف بنسبة أكبر في الجانب الدلاليّ، وهو ما يؤكد مفارقةً قوية لا يمكن للقارئ إلا أن يقف عندها بكثيرٍ من التركيز والتأمل.

وفي البيتين: السابع والثامن حالة أخرى من التوازي الازدواجي النقيض، لها خصوصياتها باعتبار العنصرين المتوازيين دلاليا يحتلان الصدارة، وهما الفعلان تدخل وتهبط.

رغم أن التضاد لا يحضر بشكل مباشر في اللفظين معزولين عن السياق، فهو يظهر جليّاً انطلاقا من العناصر الأخرى في المقطع، فدخول المصعد يعني بداهة استخدامه للصعود والارتقاء في طبقات العمارة، ثم إن الحيز الزمني الذي يقع فيه الفعل، وهو الثامنة، يشير إلى لحظة بدء ساعات العمل عادة في المؤسسات العمومية، وبذلك الفعل (تدخل) يصبح موازيا للفعل (تهبط) على مستوى الدلالة.

فإذا كان دخول المصعد مؤشّرا على بداية العمل، فإن الهبوط بالمصعد في الساعة الثانية يحيل على حالة نقيض هي لحظة الانتهاء من العمل والخروج من المؤسسة العمومية. وبهذا لا يكتفي الشاعر بإحداث توازٍ نقيض مصحوب بتواز تركيبي بين فعلي (هبط) و(دخل)، وإنما يعزّز ذلك بتواز من نفس النوع بين ساعتين: مختلفتين من حيث دلالتهما، وهما الثامنة لحظة الدخول إلى مقر العمل، والثانية لحظة الخروج منه، وفي جعل البيتين المتوازيين متواليين ومتتابعين، إشارة ضمنية إلى تفريغ العمل من قيمته وجوهره، وجعل أهم ما فيه فعلين أجوفين آلييْن مُكرَّرَيْن لا قيمة لهما.

وباحتلال العناصر المتوازية لموقعيْ الصدارة والقافية يصبح

التوازي النقيض خاصة إطاراً بارزاً يحيط بالبيتين: السابع والثامن، ويتحكم في دلالتهما التي تنحصر في التضاد الحاصل بين فعلين يقعان في لحظتين مختلفتين.

يتحقق التوازي النقيض أيضا، في السطرين الأخيرين من النموذج:

أيُّهذا الحنين

أيهذا الأنينُ الذي كنت أسْميتُه وطنا[48]

بعد التكرار الاستهلالي لأداة النداء المعززة باسم الإشارة «هذا»، تأتي الكلمتان المتوازيتان دلاليا وهما الحنين والأنين، إذ تدل الأولى على شعورٍ بالحب تجاه الوطن وتذكرٍ لأيام الاستقرار فيه بنوع من الشوق، أما الثانية فتحيل إلى صوت توجع يصدره المتألِّم. ومن ثَمَّ، يصبح الوطن الذي كان موضوع اشتياق ومحبة، مصدراً للألم والحزن. وهذا ما تبرزه بوضوح العبارة التي بعد كلمة الأنين. إن صلة الموصول هذه «كنت أسميه وطنا» بسبب استهلالها بالفعل الناقص «كان» تصبح دالة ضمنية على انتفاء معناها في الوقت الحاضر بعد أن كان متحققا في زمنٍ مضى. الشيء الذي يؤكد التوازي النقيض بين كلمة «الحنين» التي تحيل إلى لحظة الحب والعشق اللذين خص بهما الشاعر الوطنَ مما جعله يشعر بالحنين إليه، وكلمة «الأنين» التي تعني نكوصا في هذا الحب يؤول به إلى النقيض ليصبح معاناة تُشْقِي الشاعر وتبعث فيه الأسى والألم.

ومن نماذج هذا النوع من التوازي في شعرنا المعاصر ما جاء في مقطع للشاعر السوري معين بسيسو[49]:

«أمُوتُ ميتَةَ الغزالهْ

ليس جرْحي وردةً

وليس وجْهي برتقالهْ

....

ومن خلالِ حرقِ شاعرٍ قديمْ

يصعد الدُّخانُ من ديوان شاعرٍ جديدْ».

يتحقق التوازي النقيض بشكل صريح بين صفتين متضادتين تُنْسبانِ إلى الشاعر وهما: «قديم» و«جديد».

وغني عن الذكر أن احتلال هذين العنصرين لموقعين متماثلين في آخر كل بيت يزيد من قوة التضاد الدلالي؛ إذ إنَّ تشابه المواقع يفرض لدى المتلقي تناظر الدلالات. وهذا ما لم يتوفر هنا. لكن مع ذلك، يمكن ملامسة بعض ملامح التشابه بعد القراءة المتأنية للبيتين، إذ رغم التضاد بين الشعراء على مستوى الظرف الزمني الذي عاش فيه كل واحد منهم، فهناك نوع من التجاوب والتراسل الكبير بينهم إبداعياً على الأقل؛ فحرق شاعر قديم وزواله لا يعني الفناء التام له، بقدر ما يقود إلى انبعاث وولادةٍ أخرى في دواوين الشعراء الجدد. فالإبداع لا يفنى أبداً، وإنما يتم نقله من جيل إلى جيل في شكل أشبه ما يكون بالتناسخ الفني، حيث تبعث أرواح الشعراء الفنانين في إبداعات وأشكال أخرى جديدة، ومن ثم لا ينافي القديمُ الجديدَ إلا في الظاهر، بينما هما فنّياً متقاربان إلى حد تأثر ثانيهما بأولهما وانبعاث الأول في

الثاني. وقريب من هذا التصور ما ذهب إليه بعض مُنظِّري الشعرية المعاصرة في مفهوم التناصّ، وبعض النقاد القدامى في مفهوم السرقات، والأخذ الشعريَيْن.

وكذلك مفهوما التجدد والولادة الحاضران في إبداعات الشعراء التَّمُّوزيين. وبهذا يصبح التوازي، في هذين البيتين، نوعاً من التفكير في طبيعة الإبـداع المُحيِّرة والتي لا تخضع للقوانين المعيارية والمألوفة بين الناس، بل تجمع بين المتناقضات. وكل ذلك في لغة فنيةٍ لها نصيبها الوافر من الجمالية الإبداعية، وآلياتِ تشابهٍ صوتية ((قديم، جديد) تكرار الصوائت وصامت واحد هو الدال)، وتضادٍ دلالية، تمثل حالة من الحالات القليلة التي يتحول فيها الشعر إلى ميتا لغة يفكر ويتأمل في طبيعة الفن الشعري ذاته.

لقد أتاح الترتيب اللغوي إمكانات هائلة للشاعر العربي المعاصر لخلق أشكال عدة من التوازيات النقيضة في شقها الازدواجي، حيث إن الترابطات الدلالية الناجمة عن التضاد لا تبقى حبيسة اختيار ألفاظ متضادة في أصل دلالتها المعجمية، وإنما يصبح للتركيب دوره الكبير في خلق هذه التوازيات من كلمتين مختلفتين دلالةً دون أن يصل هذا الاختلاف إلى درجة التضاد، أو من كلمة واحدة مكررة مع تغيير طفيف يكونُ سببَ تحولها الدلالي إلى النقيض، ومن هذه الحالة الخاصة ما جاء في قول الشاعر محمود درويش(50):

«بحرٌ أمامي، والجدران ترجمني

دعْ نفسك واسلَمْ أيها الولدُ

البحر أصغَرُ مِنّي كيف يحْملني؟

والبحرُ أكبرُ مِنّي كيْفَ أحْمِلهُ؟

ضاقت بي اللغةُ، استسْلمتُ للسفن

وغصَّ بالقلبِ حين امتصَّه الزَّبدُ

بحرٌ عليَّ. . . . وفِيَّ الأبيضُ الأبد

والعزفُ منفردُ»

قبل الحديث عن التوازي النقيض بين «يَحْمِلُنِي» و«أحمله»، نشير إلى تضاد صريح يرجع إلى المعطى المعجميّ بين لفظتين: أكبر وأصغر. وهو توازٍ نقيض يبرز حالتين مختلفتين للبحر مقارنة مع ذات المتكلم؛ ففي الحالة الأولى يكون البحر أصغر من المتكلم، ومن ثم مشروعية التساؤل كيف يستطيع أن يحمل الشاعر بآماله وأحلامه العراض، والحالة الثانية تمثل العكس، حيث يكون البحر أكبر من الشاعر، ومن ثم التساؤل المشروع بصيغة أخرى، وهي كيف يستطيع الشاعرُ حملَه؟ وهاتان الحالتان تفرزان تضاداً بين يحملني وأحمله. وأصل هذا التضاد لا يعود – كما ورد في الحالات السابقة – إلى الدلالة المعجمية الأصلية فقط بقدر ما يعود إلى التركيب، حيث يتبادل كل من الفاعل والمفعول به المواقع في الصورتين:

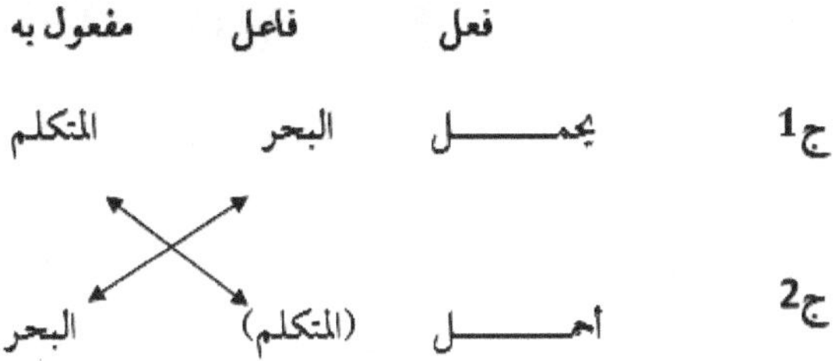

يؤدي هذا التغير في الإسناد داخل الجملة الفعلية إلى توازٍ نقيض بين الفعلين في سياقهما، فيشير فعل (الحمل) الأول إلى فاعل هو البحر ومفعول به هو المتكلم، وذلك ما يتناقض مع الجملة الخبرية المتصدرة للبيت وهي أن البحر أصغر من المتكلم. الشيء الذي يفترض ضمناً عجزه عن حمله المتكلم. لهذا يتحول الاستفهام «كيف يحملني؟» عن معناه الحرفيّ إلى قوة مستلزمة فرضها السياق وهي التعجب الذي يقرُّ باستحالة تحقق الفعل. ومن ثم يكون التقدير: البحر أصغر مني، فلن يستطيع حملي.

وكذلك ينطبق الأمر على البيت الموالي في هذه الثنائية، وهو يحمل معنى مخالفاً للأول ومضاداً له. وهو أن البحر أكبر من المتكلم الذي يعجز بالضرورة عن حمل البحر. وللتوازي النقيض المتحكّم في معظم عناصر البيتين دورٌ بارزٌ في خلق مساحتين متضادتين حول المتكلم: الأولى فيها اتّساعٌ وشمولية تتجاوز البحر في طموحاتها وآلامها وخيالاتها، والثاني متقلّصة ومُنكمِشة تفضحُ عجزَ الذات وانحسار قدراتها. فهي أعجز من أن تحتوي البحر في هذه الحالة، وهذا ما يكشف عنه البيتان الآتيان عبر ضِيق اللغة والاستسلام للحزن:

«وغصَّ بالقلب حين امتصه الزبدُ[51]

بحر علي وفي الأبيض الأبد»

بغضِّ النظر عن التضاد الواضح في قافية البيتين الأخيرين بين كلمة: الزبد ولفظة الأبد باعتبار الأولى تحيل إلى عنصرٍ سريع الزوال، بينما الثانية تدلُّ على الدوام والاستمرارية، فإن هناك توازياً نقيضاً بين حرفيْ معنى (على وفي) المنسوبيْن إلى المتكلم؛ فالحرف الأول يدل على الاستعلاء الذي يرمز هنا إلى الغلبة والهيمنة والسيطرة، أما الحرف الثاني ففيه تعبير عن قدرة المتكلم على احتواء البحر. ومن هنا يمكن القول: إن التوازي الازدواجي النقيض يلعب دوراً كبيراً في خدمة المعاني التي يشتغل عليها الشاعر العربي المعاصر خاصةً عندما يتعلق الأمر بإبراز حالات التناقض الصارخ التي يعاني منها داخل مجتمع يفتقد لأبسط القيم الكفيلة بتحقيق استمراريته. ومن النماذج على ذلك المقطع الآتي من قصيدة «من مذكرات المتنبي في مصر» لأمل دنقل:

«عيدٌ بأيِّ حَالٍ عُدتَ يا عيدُ؟[52]

بما مضى؟ أم لأرضي فيك تهويد؟

(نامتْ نواطيرُ مصر) عن عَسَاكِرِها

وحاربتْ بدلاً منها الأناشيدُ!»

يهيمن التوازي النقيض في هذين البيتين الشعريين عبر احتلال الألفاظ المتوازية مواقع لها أهميتها ودلالتها الفنية؛ ففي البداية بين

فعليْن اشتركا في بعض الصوائت كالفتح ومده، وفي الصامت الأخير «التاء» وهما: نامت وحاربت، دون إغفال الاتحاد في المخارج بين صوتين يحتلان موقعين متقابلين في الكلمتين: الميم والباء وكلاهما شفويان في المخرج إضافة إلى صفتيْ الجهر والشدة.

وفي مقابل التشابه الصوتي والموقعي، يختلف الفعلان دلالياً ويتضادان: فالنوم يدل على السكون وتوقف الفعل، بينما المحاربة تدل على قمة الحركة والفاعلية. ورغم هذا التضاد الصريح في المعنى فهما يتكاملان في التعبير عن وضعية واحدة لها وجهان: الأول فيه نوم النواطير عن العساكر مما يترك لهؤلاء، الذين من المفروض أن يكونوا درع البلاد وحماتها، الفرصةَ لنهب أموالها وخيراتها. أما الثاني: ففيه تولي الأناشيد مهمة الحرب بدل العساكر. وفي اختيار عنصريْ العساكر والأناشيد مفارقة قوية تزداد تأثيراً باحتلال هذين العنصرين موقع النهاية في كل بيت من البيتين الأخيرين في النموذج.

وبذلك يتقوّى التوازي النقيض عبر تمركزه في مواقع حساسة واستراتيجية من شأنها أن تزيد جرعة التأثير في القارئ، ودرجة تلقيه لسماع الحالة الغريبة التي تعيشها مصر، حيث ينهب العساكرُ البلادَ ويتنازلون طواعية، وعن سوء نية، عن مهمتهم في حماية للأوطان لحساب الأناشيد. إنها مفارقة مؤلمة يكشف التوازي النقيض خطورتَها عبر ما يخلقه من تضادّات داخلية وخارجية تبنى عليها جل عناصر البيتين؛ فالنوم يضاد الحرب، والعساكر يمثلون النقيض الصريح للأناشيد.

وكما يتحقق التوازي النقيض على المستوى العمودي، بين البيتين، فإنه يحضر بشكل لافت للنظر، أفقياً داخل كل بيت بين الفعل نام والعساكر، وحارب والأناشيد حسب ما هو مبين في الشكل الآتي:

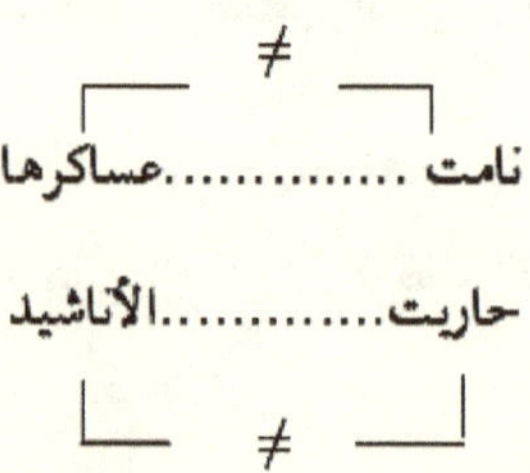

يحاول الشاعر المعاصر أن يستثمر - إلى درجات قصوى - الأبعاد الجمالية والدلالية التي يحققها التوازي النقيض، وهو في حالات كثيرة كما بيَّنت ذلك الأمثلةُ، يسعى إلى تكثيف هذا التضاد عبر تجميع عناصر عديدة متضادة في مساحة نصية صغيرة، فلا يترك للقارئ فرصة الانتقال إلى فكرة أخرى قبل أن يواجهه بنقيض الفكرة السالفة. وذلك بقصد إشعاره بدرجة التناقض الكبيرة في الوضعيات التي يتطرق إليها كوضعية المجتمع العربي وما يحبل به من مفارقات تدعو إلى النظر وإلى وقفات أعمق لإدراك مكامن الخلل وكنه المشاكل التي يتخبط فيها. لهذا غالباً ما كان الشاعر يعمد إلى إحداث التوازي النقيض إما داخل البيت الواحد، أو بين بيتين متواليين على أكثر تقدير. وهو في الحالة الثانية مُتفنن إلى أقصى الحدود في اختيار المواقع المناسبة للمفردات والعناصر المتضادة، حيث لا يكتفي بنوع واحد من التوازي، وإنما يُعزِّزه بتوازيات أخرى صوتية وتركيبية. كما أنه في حالات أخرى يستفيد من البنية التركيبية

للسطرين الشعريين قصد خلق تضاد يقوم أساساً على تغيير المواقع وتبادلها، لينقلب المعنى رأساً على عقب داخل مُنجزه النصيّ في صورةٍ فنيةٍ بديعةٍ من التوازي النقيض مُحكَمَةَ النَّسْج، يَخفُت فيها تأثير الحمولة المعجمية، وتتنامى فيها قوة البناء والتركيب. وهي صورة أقرب إلى مفهوم (العكس والتبديل) عند البلاغيين القدماء والذي عَرَّفه أبو هلال العسكري بقوله: «العكس أن تعكس الكلام فتجعل في الجزء الأخير منه ما جعلته في الجزء الأول، وبعضهم يسميه التبديل، وهو مثل قول الله عز وجل: (يُخْرِجُ الحَيَّ مِنَ الْمَيِّتِ وَيُخْرِجُ المَيِّتَ مِنَ الحَيِّ)»[53].

ولهذا النوع من التوازي نماذج متعددة وكثيرة في شعرنا العربي المعاصر، غير أنه سيتم الاقتصار على نموذجين فقط، قصد إبراز كيف كان الشاعر المعاصر يستفيد من هذه الإمكانية التي تتبعها البنية التركيبية في اللغة لخلق توليفات ازدواجية قائمة على عنصر التضاد. ومن ذلك قول أمل دنقل في قصيدة (كلمات سبارتاكوس الأخيرة):

«مُعلَّقٌ أنا على مشانقِ الصَّبَاح

وجبهتي بالموتِ مَحْنِيَهْ

لأنَّنِي لمْ أحْنِها حَيّهْ»[54].

يُسهم التركيب في هذه الأبيات، في إبراز التضاد الحاصل بين حالتيْ الموت والحياة، إذ يأتي البيت الثاني ليكشف وضع سبارتكوس بعد الشنق، وكيف أن جبهته قد أصبحت محنية، بينما البيت الثالث

فيه استرجاع لوضعية مخالفة تماماً لما وقع له بعد موته، فجبهته لم تُحْنَ عندما كان حياً. وبذلك لم يكتفِ أمل دنقل بإبراز التضاد بين هاتين الوضعيتين عن طريق اختيار عناصر متضادة (محنية ≠ لم أحنها)، و(الموت ≠ حيّة). وإنما يزيد كثافته وتأثيره الأسلوبي عن طريق تغيير أماكن العناصر المتضادة، فيقع ما يشبه التقاطع بينها عند القراءة الخطية؛ حيث إن العنصر الذي ينتهي به البيت الثاني (محنية) هو الذي يجد ما يقابله دلالةً في وسط البيت الثالث (لم أحنها)، بينما العنصر المذكور قبله في البيت الثاني (الموت) لا يعثر القارئ على ما يضاده إلا في نهاية البيت الثالث. وفي هذا تركيب له دلالة ضمنية على التضاد وعلى الاختلاف الكبير بين حالة المواجهة والمجابهة عندما كان سبارتكوس حيّاً، وحالة الخضوع الإجباريّ والانحناء القسري الذي فُرض عليه بعد الشنق. كما أن قلب العناصر المتضادة بين البيتين يأتي استجابة للانتقال من الجملة الاسمية في البيت الثاني والتي تفرض ترتيباً إسنادياً خاصّاً يتم فيه الانطلاق من مسند إليه (جبهتي). فالمسند، إلى الجملة الفعلية التي تبدأ بالمسند فالمسند إليه، فالفضلة بعد ذلك (حية).

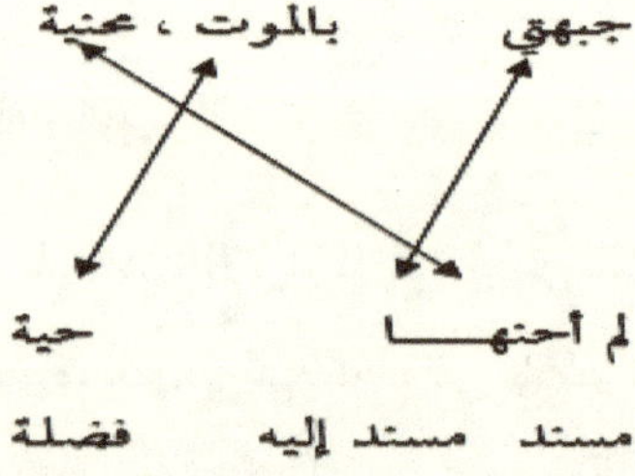

وإذا كان النموذج السالف يكشف عن الحالة التي يحاول فيها الشاعر العربي المعاصر أن يستفيد من آلية العكس والتبديل التركيبية لموازرة وتدعيم تضادّ حاصل أصلاً من خلال المفردات والألفاظ الموظفة في بيتين متواليين، فإنه في حالات أخرى يعتمد بنسبة كبيرة على التضاد النَّاجم عن البنية التركيبية، وترتيب العناصر داخل الجملة، وإسناد بعضها إلى بعض، ومُجاورة عنصر لآخر. ومثال ذلك مقطع شعريّ من قصيدة علي جعفر العلاق بعنوان (غيم القصيدة):

«هبطتْ

عصافيرُ الرَّماد

على الحجَرِ

تتطلَّعُ الذِّكرى إليَّ من القصَائِد

والغبار

من الشَّبابيكِ القديمة

والشَّجَر

ها إنَّهُم

يتوافدُونَ على القَصِيدة

أَوْجُهاً،

وأَهِلَّةً

مَغْسُولةً،

يتوافدون:

أرَى القصِيدَةَ تستعينُ بهِم عَلي

فأستعينُ بهِم عليها

القشُّ

يزْحف مِن يَديها

والضَّوء:

ينزفُ من يديها[55]»

ينشأ التضاد بين جملتين (تستعين بهم علي) و(فأستعين بهم عليها) من تغيير العلاقات الإسنادية داخل كل جملة، وتغيير موقع بعض العناصر؛ إذ يسند الفعل (يستعين) إلى القصيدة ويبقى العنصر المستعان به ثابتاً هو: الغُيَّاب الذين يرزحون تحت ثقل الغِياب ويُحرِّكون الذكريات، بينما يتغير الطرف الذي يقع عليه الفعل أيضاً، فهو في الجملة الأولى (المتكلم). أما الجملة الثانية فيسند الفعل (يستعين) إلى المتكلم بوصفه فاعلاً، وإلى القصيدة باعتبارها الطرف الذي يقع عليه الفعل؛ وبذلك يكون تغيير موقعي وإسنادي قد طال الجملةَ فَحوَّلَ معناها إلى النقيض: إنها في الحالة الأولى تشير إلى قوة الجذب التي يعتمدها النص الإبداعي عن طريق الاستعانة بالغائبين، فالحنين إليهم يفجر القصيدة في جوف الشاعر تفجيراً، أما

في الحالة الثانية، فثقل الغياب، وقوة الحنين إلى الغُيَّاب هما اللذان يحرِّكان في الشاعر مكامنَ الإبداع؛ فهناك في الحقيقة انطلاقاً من الدلالة المعجمية للفظ (استعان): نوعٌ من الجذب والشدِّ المتبادليْن بين القصيدة والشاعر؛ فتارة تصبح القصيدة ذاتاً فنيةً رغماً عن الشاعر مستعينة بذكريات الغائبين، وتارة أخرى يكون ميزان الجذب راجحاً لصالح الشاعر فيشد على ناصية القصيدة مستعيناً العنصر السابق نفسه وهو الغياب.

تظهر الأمثلة السابقة مدى براعة الشاعر العربي المعاصر في استغلال إمكانات التوازي النقيض من أجل خلق متواليات (زوجية) ازدواجية تتجمع فيها بعض أبيات النص الشعري في ثنائيات تستحضر التضاد بوصفه العنصر الأبرز في العلاقات الرابطة بينها، وقد نوَّع ما أمكن في أشكال هذا التضاد سواء أَعبر تعزيزه بتوازيات أخرى على المستوييْن الصوتي والتركيبي، أمْ عبر اختيار المواقع التي تحتلها العناصر المتضادة كبداية البيت أو وسطه أو نهايته. كما استعان الشاعر المعاصر في حالات أخرى بآلية العكس والتبديل من أجل تكثيف مكون التضاد والرفع من وتيرة حضوره في النص.

إن اختيار هذا الشكل أو ذاك كان محكوماً بمعطيات فنية وضرورات جمالية وتعبيرية تلائم طبيعة المواضيع والقضايا المطروحة في هذه الأبيات المتوازية، مثل المفارقة التي يعيشها المجتمع العربي في العصر الحاضر وأزمة القيم التي يعاني منها في ظل غزو منظومة قيمية في منتهى التطرف والغرابة. ولقد استفاد الشاعر من ترتيب المتوازيات على وفق إيقاع التتابع والتوالي ما أمكن من المساحة التي

تفصل بين الفكرة ونقيضها، الشيء الذي زاد من درجة تأثير التوازي النقيض، ورفع من هامش اللاتوقع عند القارئ.

ولقد تفنن الشاعر في تلوين وتنويع أشكال هذه التوازيات الازدواجية باختيار دقيق للألفاظ والمفردات من بين بدائل عدة، بحيث تؤدي الدلالات التي يسعى المبدع إلى إيصالها إلى القارئ عبر شبكة خاصة من العلاقات بين الأسطر المتوازية.

*** إيقاع التناوب:**

إذا كان التقليص من المساحة النصية الفاصلة بين بيتين يحتويان على عناصر متوازية توازياً نقيضاً يؤدي إلى الرفع من درجة الحفز واللاتوقع لدى القارئ، فإن خلق مساحات تتوسط السطرين المتوازيين له دلالته الخاصة ومبرِّراته الجمالية التي يمكن اكتشاف بعض ملامحها من خلال نماذج من الشعر العربي المعاصر. يقول الشاعر عبد الكريم الطبال في قصيدة (وطاء الحمام)[56]:

أ 1 – «أيها المُتَمَهِّلُ في عشه

ب 2 – هَا هُنا

أ 3 – يتوثَّبُ أهل المحبة

ب 4 – كلٌّ إلى الله...»

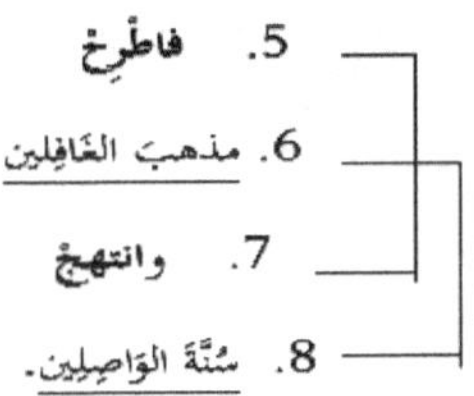

يكتسب هذا المقطع جانباً كبيراً من جماليته من التضاد على إيقاع التناوب؛ فالسطر الأول يتوازى دلالياً مع السطر الثالث، والثاني مع الرابع وهكذا دواليك إلى آخر النص مبرزاً حالتين أو مذهبين: مذهب الغافلين البعيدين عن الله المتمثلين في وضع أشبه بالجمود، وسُنَّة الواصلين التي تفرض العمل والإسراع إلى الله. لهذا يأتي فعلا الأمر: «اطرح وانتهج» متضاديْن من حيث معناهما المفرديْن؛ إذ الاطراح يعني الترك، والانتهاج يدل على خلاف ذلك من السير على نهج معين. غير أنهما يؤديان إلى النتيجة نفسها، فالدعوة موجَّهة إلى هذا المُتمهِّل المتباطئ على عكس أهل المحبة المتوثبين، كي يترك ما هو عليه من مذهب الغافلين، مما يفرض اختيار سبيل آخر يوضحه الفعل انتهج المتبوع بسنة الواصلين. والملاحظ أن الشاعر يتعمد هنا الحفاظ على إيقاع التناوب عبر خلق وقفات نظمية محددة ببياضات تُجزِّئ الوحدات الدلالية التي تستمر على أكثر من سطر؛ فعِوض أن يتمَّ الجمعُ بين السطريْن الخامس والسادس في سطر واحد، وكذلك السابع والثامن، حيث كل سطريْن يمثل جملة واحدة، يتحاشى الشاعر ذلك ويُفضِّل وضع مفردات الجملة الواحدة ورصفها على سطريْن حتى يتحقق التوازي بأبعاده المختلفة بين الأسطر الأخيرة، حيث يتوازى السطران الخامس والسادس تركيبياً (حرف + فعل أمر +

فاعل ضمير (أنت))، وصوتياً (الموازنة بالحفاظ على كل الصوائت مع تغيير الصوامت):

فاطّرِح : ف + ـَ + ط + ط + ـَ + ر + ـِ + ح

وانتهِج : و + ـَ + ن + ت + ـَ + هـ + ـِ + ج [57]

ودلالياً من خلال التضاد الحاصل بين الفعليْن على مستوى الدلالة المعجمية «طرحت الشيء وبالشيء طرحاً، إذا رميته؛ كما يتضح من خلال الرجوع إلى مادتيهما في المعجم»: «... وطرح النوى بفلان كل مطرح، إذا نأت به، وطرَحه تطريحاً، إذا أكثر من طرحه، واطَرحه أي أبعده، وهو افتعله»[58]. فالاطراح حسب ما جاء في لسان العرب الإبعاد، أما الانتهاج فيدل على معنى مخالف للفعل الأول تماماً فهو من «نهج» «ونهجت الطريق، إذا أبنته وأوضحته، يقال: الحمل على ما نهجته لك. ونهجت الطريق أيضاً: إذا سلكته. وفلان ينتهج سبيل فلان، أي يسلك مسلكه»[59]. وبذلك يكون الفعلان متضادين وعلى النقيض من حيث ما يدلان عليه من معانٍ، إلا أنهما كما سبقت الإشارة إلى ذلك يحققان نتيجة واحدة عبر تكاملهما معاً من خلال تضاد العناصر الملحقة بهما، فاطَرح يتَّخذ مذهبَ الغافلين موضوعاً له. وبذلك يكون الإقصاء الذي يقترحه الشاعر على المخاطَب في صيغة الأمر، قد حُدَد في هذا المذهب، و(انتهج) يتخذ موضوعاً له سنّة الواصلين، وهي مضادة تماماً للعنصر الملحق بالفعل «اطرح».

ومن ثم، ينجح الشاعر الطبال بواسطة تكثيف العناصر المتضادة في إحداث صورة متكاملة منسجمة تضم ما يجب إقصاؤه من جهة، والبديل الذي يلزم تبنيه من جهة أخرى.

والجدير بالذكر أن التضاد لا يكتمل في هذه القصيدة إلا بالعودة إلى مرجعية صوفية يستطيع القارئ أن يتبين من خلالها الدلالات الدقيقة لمصطلحات من قبيل الغافل والواصل، وأهل المحبة..

يُفصح هذا النموذج عن طريقة فريدة في التعامل مع التوازي النقيض واستغلال ما يتيحه من إمكانات لبناء نص شعري يتماسك نسيجه بصورة أشبه ما تكون بلحمة وسداة الثوب في تقاطعهما الذي يزيد الثوب قوة ومتانة، ويمنحه بتماسكه شكله النهائي وجماليته الخاصة، كذلك الأمر بالنسبة إلى التوازي النقيض بالتناوب الذي يُخضِعُ النص لتشكيلة فنية فيها عوداتٌ متقطِّعة إلى المعاني تُكَسِّرُ بعضاً من رتابة الإيقاع المستمر المتتالي، وتحقق للقصيدة بنيتها الخاصة التي يمكن التمثيل لها بهذا الترتيب:

(أ، ب، أ، ب). (أ، ب، أ، ب/ج، ب، ج، ب)

وفي مقابل هذه التشكيلة الخاصة، نجد في شعرنا المعاصر نماذج أخرى اعتمد فيها مبدعوها بنيةً أخرى رغم قيامها على التوازي النقيض في إيقاع التناوب، ومن ذلك ما جاء في نص «تنويعات استوائية» للشاعر العراقي(60):

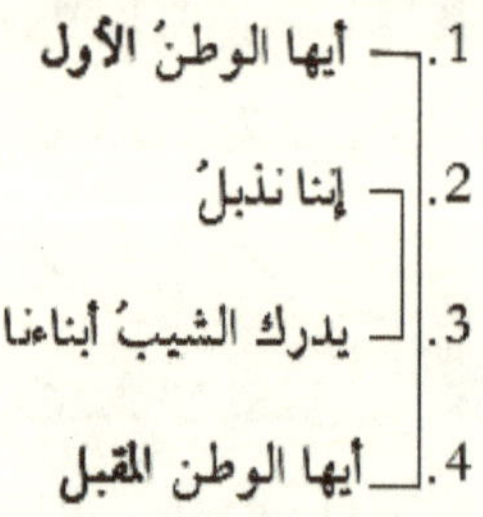

يُبرز النموذج تقاطع علاقتين دلاليتين هما: علاقة الترادف والتضاد: الأولى بين البيتين: الثاني والثالث؛ فالذبول المنسوب إلى المتكلمين يتناسب دلالياً فيما يقارب الترادف مع ظهور الشيب على الأبناء، أما العلاقة الثانية فتتلخص وتُختزل في التوازي النقيض بين صفتين الأول والمقبل المنسوبتين إلى الوطن في السطرين الأول والرابع. وبذلك يكون نظام تعالق الأبيات في هذا المقطع مزدوجاً أشبه بالآتي:

=

(أ، ب ، ب ، أ)

#

بحيث يشكل البيتان الثاني والثالث نواة وبؤرة تتأطر بالانتقال من الوطن الأول إلى الوطن المقبل حيث علامات الشيخوخة المترسخة في جيلين تشي بخطورة وضع هذا الوطن ومستقبله المظلم. كما أن التوازي لا يقف عند حدود هذه الثنائية الظاهرة والبارزة للعيان، بل إنه يتجلّى أيضاً في ارتباطات خفية بين البيتين الثاني والأول من جهة، والثالث والرابع من جهة أخرى.

إن عبارة «الوطن الأول» تتناسب مع الجيل الأول الذي بدأ يعتريه الذبول، بينما «الوطن المقبل» يتناسب مع جيل الأبناء الذي لم يسلم هو أيضاً من مؤشرات الضعف وإرهاصات الوهن بعد أن أدركه الشيب:

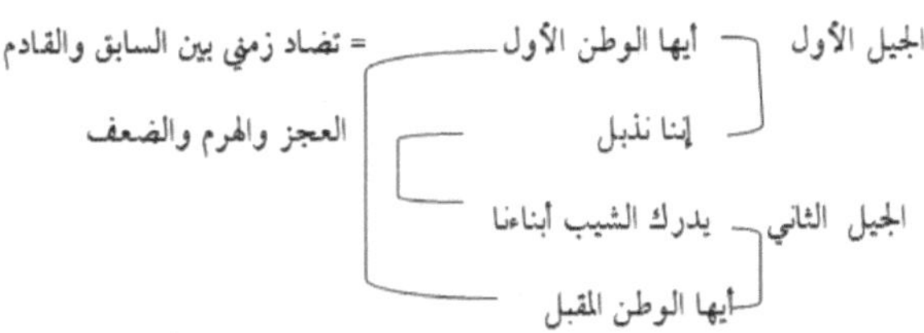

إن دور التوازي النقيض لا يقتصر على الربط بين بعض الأبيات في القصيدة وجعلها محطَّات يتوقف عندها القارئ بنوع من التأمل قصد اكتشاف العلاقات المتحكمة فيها والدلالات التي يروم الشاعر إيصالها إلى المتلقي، وإنما يتعاظم هذا الدور وينمو في حالات أخرى، بحيث يصبح التوازي النقيض العنصرَ الأبرزَ في النص الشعري وعَصبه وعموده الفقري، فيصعب آنذاك تصور وحدة النص واكتماله بدون هذه الخصيصة الجوهرية. ومن نماذج ذلك نص: (شهامة) للشاعر عبد الكريم الطبال[61]:

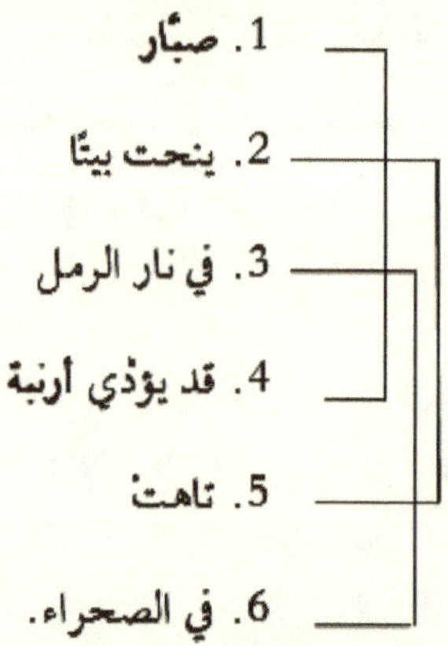

تكشف بنية العتبة عن فعل ينطلق من عنصر خَيِّرٍ يمتلك قدراً من القوة ليتوجه إلى عنصر آخر في أمسّ الحاجة إليه. غير أن هذا المعنى لا ينطبق على ما جاء به نص القصيدة؛ فهو يبدأ بالصَبَّار الذي ينحت بيتاً في نار الرمل ليصل إلى إمكان إيذائه للأرنبة التائهة في الصحراء، فإذا كانت الأرنبة حيواناً ضعيفاً يحتاج إلى المساعدة وإلى شهامة الآخر، خاصة أنها تاهت وفقدت طريقها في الصحراء، فإن العنصر الفاعل في النص لا يُساير بنية العتبة ولا تتحقق فيه أي علامة من علامات الشهامة، وهذا ما يجعل العنصرين: الصَبَّار والأرنبة على طرفي نقيض في إطار تـوازٍ واضح بين أبيات القصيدة: فالبيت الأول يوازي البيت الرابع رغم مظاهر التضاد التي تزيد من درجة الرابط عوض أن تقوَضه وتظهر هذه العلاقات التضادية بين الطرفيْن: الصبَار والأرنبة من خلال فرز مكونات دلالتهما المعجمية:

_ **الصبار**:[نبات + شوكي +صحراء ، ثابت]

# # #

_ **أرنبة** : [حيوان + أملس + سريـــــــع.]

وهذا التضاد هو ما يجعل العلاقة بينهما تبنى على الإيذاء. وللمزيد من إحكام نسج بناء النص الشعري، تدخل باقي الأبيات في توازيات ذات صبغة تركيبية (ب 4،5/1،6/2،3) عبر إيقاع التناوب مع هيمنة التوازي النقيض كيفاً لا كماً على النص، فالتضاد بين الصّبّار والأرنبة هو العنصر الأهم في هذه الأبيات لكونه يُبرِّرُ فعل الإيذاء الذي يكاد يكون الخبر أو المعلومة الأساس في النص. بينما العناصر الأخرى تكميلية، تبرِّر هذا الفعل، وتزيد من المفارقة التي يحسها القارئ بين العنوان والنص، والتي تأخذ مسحة السخرية اللاذعة التي تحمل في طياتها إدانة لاستقواء القبح والعنف على الوداعة والجمال.

	الطرف الأول	الفعل	الطرف الثاني
ب1	صبار	يــــؤذي	أرنبـــــــة
ب2	ينحت بيتاً		تاهـــــت
ب3	في نار الرمل		في الصحراء

هذا بالإضافة إلى احتلال التوازي النقيض لموقع مفصلي في القصيدة بربط البيت الأول بالرابع، لتتابع بعد ذلك الترابطات والعلاقات بين البيتين: الثاني والخامس، والثالث والسادس. (ينحت بيتاً ≠ تاهت/ في نار الرمل= في الصحراء).

يتميز التوازي الازدواجـي النقيض - إذن - بحضور خاص في شعرنا العربي المعاصر؛ حيث يقوم بربط المفردات والأسطر الشعرية في ثنائيات قائمة على علاقات التضاد بين أطرافها، ويصاغ وفق إيقاعين مختلفين يوظف الشاعر أحدهما تبعاً للغرض من نصه وما يريد التعبير عنه وللصياغة المناسبة لحمل المعطيات الدلالية والفنية الجمالية التي يسعى جاهداً إلى إيصالها إلى المتلقي؛ فهناك إيقاع فيه توالٍ وتتابع بين العنصرين المتوازييْن توازياً نقيضاً، وذلك عندما يأتي البيت الشعري لصيقاً بالموازي له لا يفصله عنه فاصل، وإيقاع التناوب الذي تقوم فيه بين المتوازيات فواصل، بحيث يتم التطرق إلى فكرة، فالانتقال إلى فكرة أخرى لا تربطها بالأولى علاقة كبيرة على مستوى الدلالة ثم العودة من جديد إلى الفكرة الأولى عبر إيراد ما يناقضها وما يضادها، فيستحضر القارئ - بذلك - المفهوم العام الذي تندرج في إطاره الفكرتين المتضادتين معاً، ويتمكن من الربط بينهما واكتشاف بعض مقومات لحمة النص الشعري وتماسكه.

غير أن التوازي النقيض في شعرنا العربي المعاصر، لا يقف عند هذه الحدود التي تمت الإشارة إليها سلفاً، بل إن الإمكانات التي يمتلكها الشاعر تبقى كثيرةً وعصيَّةً على الحصر والإحاطة النهائية بها؛ ومن ثم أهمية التصنيف باعتباره وسيلة مثلى للخروج من مثل هذا المأزق. وبهذا لا يعد التوازي النقيض على مستوى المفردات والعبارات إلا جانباً من جوانب كثيرة تتمظهر فيها أشكال هذا التوازي في النص الشعري المعاصر، إذ لا يكتفي المبدع بخلق توازيات نقيضة بين المفردات والعبارات في إيقاع التتابع أو التناوب، وإنما يوسع من

دائرة اشتغاله ليشمل السياق الواحد أو السياقات المتعددة التي تبنى على علاقات تضادية.

2 – 2 – تضاد السياقات:

يقصد بهذا النوع التوازي النقيض الذي يبنى على استحضار سياقين متضادين فأكثر في النص الشعري، وذلك إما من خلال تعادل السياقين المتضادين على مستوى الحضور الكمي أو الكيفي، أو اختلال التوازن بينهما نتيجة تعمد الشاعر إحداث الفارق لغرض يخدم توجهه الفني الجمالي أو الفكري والدلالي كما يمكن أن تتعدد السياقات في النص الشعري محدثة أكثر من ثنائية تُجَزَّأُ مضمونياً وعلائقياً إلى لحظات توتّرٍ ومفارقات لها إسهام المؤشرات الأسلوبية في لفت انتباه القارئ والزيادة من درجات حفزه واستنطاقه لمضامين القصيدة، وجماليات بنائها الفني.

ومن نماذج هذه التعددية السياقية القائمة على التضاد ما جاء في قصيدة (خرافات) للشاعرة العراقية نازك الملائكة[62]:

1 – «قالوا الحياة:

2 – هي لون عيني مَيِّتٍ

3 – هي وقع خطو القاتل المتلَفّت

4 – أيامها المتجعِّدَات

5 – كالمعطف المسموم ينضح بالمَمَاتْ

6 – أحلامها بسمات سعيدة مخَدَّرة العيون

7 – ووراء بسمتها المَنون

8 – قالوا الأمْل:

9 – هو حسرةُ الظمآن حين يرى الكؤوس

10 – في صورة فوقَ الجدارْ

11 – هو ذلك اللونُ العبُوس

12 – في وجهِ عصفورٍ تَحَطَّمَ عشه فبكى وطَارْ»

يُبرزُ المقطعان ثنائيتيْن تحضر كل واحدة منهما في مقطع لوحدها عبر التضاد بين السطر الأول وما يأتي بعده في الأسطر الشعرية اللاحقة، إذ تشكل اللفظة التي تأتي بعد العبارة المكررة في بداية كل مقطع (قالوا) بؤرة تتجمع إليها وتنضم عناصر أخرى تربطها بها علاقة توازٍ نقيض. وبذلك يكون المقطع الأول متضمناً لثنائية (الحياة والموت)، إذ يحضر الطرف الأول في عبارة (قالوا الحياة)، بينما الطرف الثاني مُمَثَّل بعدد كبير من المفردات التي تضاد الحياة وتجسّد مفهوماً موحداً يندرج في إطار الموت وما يستتبعه من اعتلال صحة وهرم وشيخوخة. وبهذا يتحقق في هذا المقطع حضور سياقيْن متضادين ومختلفين من حيث حجم تواجدهما، وهما: سياق الحياة وسياق الموت كما يظهر من الترسيمة الآتية:

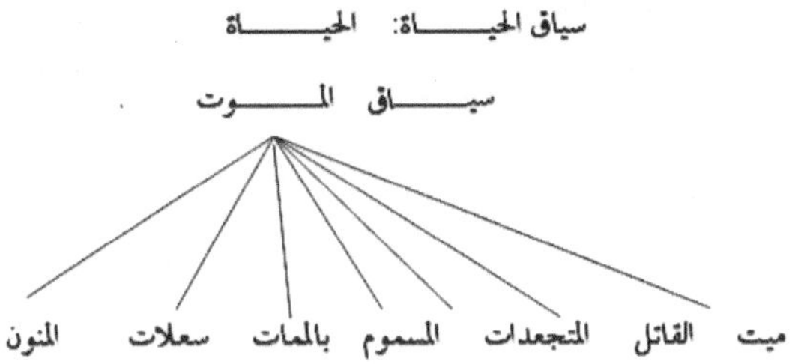

وإذا كان سياق الحياة يكتسب قوة حضوره من الموقع الذي يحتله في بداية المقطع، فإن السياق المضاد يستمد أهميته وقدرته على المواجهة من تكتل مفردات عديدة ترتبط فيما بينها بعلاقات الترادف (ميت، ممات، منون) والانجرار (القاتل، ميت، المسموم، سَعْلات، المتجعِّدات).

والشيء نفسه يمكن أن يقال عن المقطع الثاني، الذي يفرز هو أيضاً ثنائية ضدية عبر سياقين هما: سياق الأمل الذي تمثله اللفظة نفسها في السطر الثامن، وسياق اليأس وخيبة الأمل في باقي أبيات المقطع عبر ألفاظ وعبارات تميل إلى هذا السياق مثل: حسرة، والظمآن، والعبوس، وتحطم، وبكى، وطار. هذا بالإضافة إلى عبارة (يرى الكؤوس فوق الجدار) فألفاظ هذه الجملة لا تدل على اليأس في انفرادها، وإنما في تشكيلها داخل تركيب واحد في علاقة مع عبارة سالفة هي: (حسرة الظمآن)؛ فدلالة خيبة الأمل واليأس المُحبِط والمُثبِّط للعزيمة لا تستقيم إلا برؤيةِ الظمآنِ صورة الكؤوس فوق الجدار فتذكّره بِعطشه الشّديد وتزيد من حسرته ويأسه، وبذلك يخلق التوازي النقيض هنا مفارقة كبرى يحس بها القارئ وهو ينتقل بين أبيات المقطع، إذ يُفاجَأ بِتضادّ يُكسّر أفق توقّعه، خاصة أن مؤشراً

يسبق العناصر المتضادة، يوهم المتلقي بأن ما سيأتي بعده سيكون من قبيل التفسير والتوضيح لا التضاد والمفارقة، وذلك ما يمثله الضمير (هو) الذي يشير موقعه إلى أن الأبيات التي تليه ستكون شرحاً وافياً ومستفيضاً للفظة الأمل، بينما العكس هو ما يقع؛ إذ ينساب سيل من الكلمات والعبارات التي تسير بالدلالة نحو اتجاه مخالف تماماً هو اليأس.

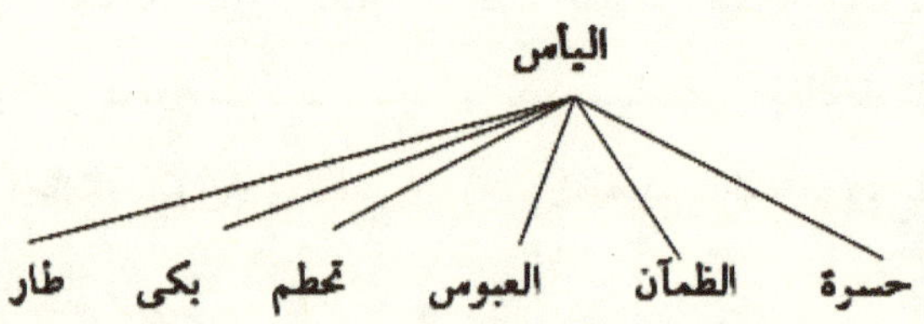

وتكمل الشاعرة نازك الملائكة القصيدة بإيقاع الثنائيات الضدية المعتمدة على الطريقة نفسها في كل مقطع عبر لازمة تسبق الطرف الأول في كل ثنائية على طول القصيدة وهي قالوا: (النعيم، السكون، الشباب، الخلود، القلوب، العيون)، وعَبْر هذه التقنية تبنى القصيدة المطولة لنازك الملائكة محدثة مستويين من التوازي: الأول بين مكونات المقطع الواحد وهي تصب في التوازي النقيض الموحَد للثنائيات الضدية، أما المستوى الثاني فهو التوازي الذي يؤطر المقاطع المؤلَفة لنص (خرافات)، حيث يتوازى كل مقطع مع المقاطع الأخرى من حيث البنية التركيبية، ومن حيث حضور التضاد بين طرفين يمثلان قيمة إيجابية وقيمة هي نقيضتها: (الحياة $\neq$ الموت)، (الأمل $\neq$ اليأس)، وبهذا تتوازى القيم الإيجابية فيما بينها في إطار

علاقات الترادف والانجرار، بينما يقع الأمر نفسه للقيم السلبية فيما بينها، كما أن المقاطع تخضع أيضاً لتوازٍ نقيض على هذا المستوى باعتبار التقابل بين مجموع القيم الإيجابية ومجموع القيم السلبية.

وبذلك يمكن القول: إن النص تتحكم فيه ثنائية ضدية كبرى تُنتج نبرتين: الأولى متفائلة تحتوي على ما يعتبره الناس قِيَماً إيجابية يطمحون إلى تحقيقها، والثانية الصورة الفعلية لهذه القيم بعد أن تُعَرِّيهَا الشاعرة وتكشف إسقاطاتها الحقيقية على أرض الواقع.

وإذا كان النموذج السابق قد أقيم على التوازي النقيض وفق هندسة صارمة فرضها تقسيم النص الشعري إلى مقاطع تنطلق من بدايات متماثلة ومتقاربة دلالياً، فإنه يمكن العثور على نصوص أخرى تعتمد بنية أقل صرامة وفيها نوع من اللعب الحرّ بالألفاظ والمفردات، بحيث يُنوِّع الشاعرُ مواقع ما يتوازى منها توازي النقيض، ويغير المساحات الفاصلة بينها، وحجمَها دون التقيد بنمط واحد أو بإيقاع ثابت.

ويمكن التمثيل لهذا الصنف بقصيدة (أغنية الهاوية) للشاعرة نفسها والتي جاء فيها:

1 – «كَرِهْتُ الجفون التي تأسر[63]

2 – وخَلْفَ سَمَاءِ ابْتِسَامَاتِها

3 – لهيبُ الحقود

4 – كرِهتُ الأكفّ التي تعصر

5 – وخلف حرارةِ رعْشاتها

6 – جمودٌ كَذُلّ الحَيَاه

7 – ... على جُثَّةٍ تحْتَ بَعْضِ اللُّحُود

8 – كَرِهتُ ارتعاشَ الشِّفَاه

9 – برجعِ الصَّلاة

10 – ففي كلِّ لفظٍ خطيئة

11 – تجيشُ بها رغَباتٌ دنيئة»

رغم البناء المحكم الذي أخضعت الشاعرة له هذه الأبيات، والذي يتعزَّز بتكرار عبارة (كرهت) في الأسطر: الأول والرابع والثامن، وعبارة (وخلف) في البيتين: الثاني والخامس، مما يخلق توازياً تركيبياً واضحاً، فإنّ الألفاظ والعبارات المتضادة لم تستقر دائماً على مواقع متشابهة أو مماثلة، وإنما كانت تتنقل بين أبيات وأسطر المقطع. وبذلك نعثر على طرفي التضاد في السطرين: الثاني والثالث وقد احتلَّا معاً موقع القافية، بينما يحتل طرفا الثنائية الضدية الثانية موقعين مختلفين: وسط البيت الخامس (حرارة) وبداية البيت السادس (جمود)، وفي الثنائية الثالثة والأخيرة تعود الشاعرة إلى موقع النهاية في البيتين التاسع والعاشر لترصف فيه لفظتين هما: الصلاة وخطيئة.

وفي هذا التنقل بين المواقع المختارة للألفاظ المتضادة إشارةٌ ضمنية إلى التقلبات التي تمتاز بها النفس الإنسانية ما بين جمال

وخير ظاهريْن وشر وفساد مضمريْن، وإلى التضاد الكبير بين الواقع العيانيّ والآخر الدفين المخبوء في عتْمات النفوس والذي يصعب الإمساك به أو حصره في شكل ثابت.

ومن النماذج البارزة للتوازي النقيض الذي يعمد فيها الشاعر إلى حشد المتضادات في أسطر قليلة ليكشف نظرته الخاصة إلى الواقع واختلافها عمَّا ألفه الناس وتواضعوا عليه قصيدة (سفر أيوب)[64]:

1 – «لك الحمدُ مهما استطالَ البلاء

2 – ومهما استبدَّ الألم،

3 – لك الحمدُ، إن الرزايا عطاء

4 – وإنَّ المصيباتِ بعضُ الكرم

5 – ألمْ تعطني أنتَ هذا الظلام

6 – وأعْطيْتَني أنتَ هذا السحر

7 – فهل تشكُو الأرضُ قطرَ المطر

8 – وتغضَبُ إن لم يجُدها الغمام؟

9 – شهورٌ طوال وهذه الجراح

10 – تُمزِّقُ جنبيَّ مثل المُدى

11 – ولا يهدأُ الداءُ عندَ الصباح

12 – ولا يمسح الليلُ أوجاعَه بالردى.

13 – ولكنَّ أيوب إن صاحَ صاحْ:

14 – لك الحمدُ، إن الرَّزايا ندى

15 – وإن الجراحَ هَدايا الحبيب

16 – وإن مَسَّتِ النارُ حرَّ الجبين

17 – توهَّمتُها قبلة منك مجبولة من لهيب

18 – وإن صاح أيوب كان النداءُ:

19 – لك الحمدُ يا رامياً بالقدر

20 – ويا كاتباً بعد ذاك، الشِّفاء!»

تَعُجُّ هذه القصيدة بمظاهر التوازي النقيض عبر تجميع عدد كبير من الثنائيات الضدية إما داخل السطر الواحد أو بين السطرين المتواليين:

السطر الواحد	بين السطرين
الحمد ≠ البلاء	الظلام ≠ السحر
الرزايا ≠ عطاء	تشكر ≠ تغضب
المصيبات ≠ الكرم	قطر المطر ≠ لم يجدها الغمام
الرزايا ≠ ندى	الصباح ≠ الليل
الجراح ≠ هدايا	النار ≠ قبلة
	القدر ≠ الشفاء

وفي الحالتين، تفضح الثنائيات الضدية تقلُّب الشاعر بين الأمل واليأس، وإن كانت نبرة الأول بادية من خلال ما يسوقه من تصور خاص وتفسير ذي نفحة دينية قوية لما يعانيه من مرض وعجز، مستعيناً في ذلك بصورة النبي أيوب عليه السلام رمز الصبر على البلوى والثقة بالله عز وجل. ولكن ما تكشفه الثنائيات على مستوى الظاهر من هيمنة لجانب الإيمان والتفاؤل بالغد حيث الأمل في تحقق الشفاء، يلمح إلى خلافه التجييشُ الكبير لمظاهر العجز والمرض بشكل مباشر (الرزايا، والبلاء، والجراح، وحر الجبين...)، أو غير مباشر (الظلام، وتغضب، ولم يجدها الغمام، والليل، والقدر...)؛ إذ يُبرِزُ الكمُّ الهائل من الألفاظ والعبارات التي تُعبِّرُ عن هذا الاتجاه، إحساسَ الشاعر بالألم والمرارة جرَّاء اشتداد وطأة المرض عليه، وتطلعه إلى تغير هذه الأوضاع عبر تدخل قوة عليا أصبحت تشكل الحل الوحيد لمأساته.

والجدير بالذكر هنا أن الشاعر السياب اعتمد تلوينات وتشكيلات عدة للتوازي النقيض، فزاوج بين الأحاديّ/الأفقي (الذي يمتد على سطر واحد) والعموديّ خاصة الازدواجي (بين بيتين متواليين)، وكذلك نوَّع في اختيار مواقع أطراف الثنائيات الضدية والمساحات الفاصلة بينها؛ فمرة كان يترك مساحة نصية مهمة بين الطرفين مثلما هو الشأن بالنسبة للسطر الأول (الحمد. . .. ≠ . . . البلاء)، وتارة أخرى يجعل المتضادين متجاورين (الرزايا ≠عطاء)، وثالثة كان يقيم التوازي النقيض بين مفردتين أو عبارتين في موقعين متماثلين سواء في بداية البيتين أو آخرهما:

تَشكر. . ... **قطْر المطر**

تغضب. . ... لم يَجُد عليها الغمام،

. . . . **القدر**

. . . . الشفاء

أو وسطهما:

. . . . . . **النار**. . . .

. . . . . . **قبلة**. . . . .

هكذا يمكن القول: إن التوازي النقيض شكّل مؤشراً أسلوبياً بارزاً وحاضراً بقوة في الشعر العربي المعاصر كما دلَّتْ على ذلك الأمثلة التي سيقت في هذا الصدد، إذ عمد الشاعر العربي المعاصر إلى الاستفادة من الإمكانات الجمالية والدلالية التي يتيحها هذا النوع من التوازي قصد إغناء قصائده بنماذج منه اختلفت في أشكالها وتنويعاتها التي يصعب حصرها بصفة نهائية ومطلقة، معتمداً في ذلك على موهبته وذكائه الشعريَيْن في توظيف العنصر الفنيّ الملائم والكفيل بإثارة انتباه المتلقي وتحريك مشاعره وخدمة الدلالات التي يُرجى إيصالها إليه.

ورغم التعدد الواضح في آليات الاستفادة من التوازي النقيض، فإنه يمكن – مع ذلك – رصد بعض الأشكال الثابتة والمنتشرة في

شعرنا المعاصر حسب اعتبارات مُعيّنة منها: المساحة النصية التي يحتلها التوازي، وعدد الأسطر المتوازية وموقعها في النص الشعري، وانتماؤها إلى مقاطع معينة ودرجات التناسب الدلالي بينها، ومدى تقاطع التوازي النقيض مع التوازيات الأخرى تركيبيةً كانت أم صوتيةً، أو حتى دلاليةً بالترادف أم بالانجرار... وبذلك تم تحديد بعض الصيغ المنتشرة في الشعر العربي المعاصر(65) في الأنواع الآتية:

التوازي الأحادي النقيض: وهو ذلك الشكل من التوازي الذي يبنى على علاقة التضاد بين مفردتين فأكثر من البيت الشعري الواحد سواء تجاورتا موقعاً أم ارتبطتا بينهما بأداةٍ كحروف العطف، أم قامت بينهما علاقة تركيبية إسنادية، وفي هذه الحالات قد يُؤتى بالتوازي النقيض لإبراز الطابع الإشكالي لمفهوم أو قضية ما عن طريق الجمع بين المتضادات، مما يعني احتماله أكثر من وجه.

التوازي الازدواجي النقيض: يقوم على خلق ثنائيات ضدية بين سطرين داخل النص الشعري تحيل إلى ارتباطات دلالية من نوع خاص، استثمرها الشاعرُ غالباً – حسب ما دلَّت عليه النماذج المدروسة – لإبراز التناقضات الكبرى التي تعرفها المجتمعات العربية بين واقعيْن: الكائن المعيش بإحباطاته واختلالاته، والممكن المتطلع إليه بمِثاليتِه وصعوبة تحققه.

ومن الناحية الشكلية، اعتمد الشاعر العربي المعاصر في هذا النوع من التوازي على صفتين رئيستيْن تحَكَّم فيهما إيقاعان: إيقاع التتابع، عندما يمتد التوازي النقيض على سطرين شعريين متواليين،

فيكون التضاد أوضح وأبرز وأكثر قابلية للملاحظة المباشرة، خاصة أن الانتقال من فكرة إلى نقيضها لا يستغرق حيزاً نصياً وزمانياً كبيرين أثناء القراءة، لكن ومع أهمية هذا الإيقاع وكثرة استعماله داخل النصوص الشعرية يبقى محدوداً على مستوى إمكانية امتداده على طول القصيدة بأكملها، كما أنه لا يتيح فرصة التوسُّع في الفكرة قبل الانتقال إلى ما يضادها.

ومن هنا أهمية الصيغة الثانية المعتمدة على إيقاع التناوب، حيث تُحدث تقاطعات بين الأفكار، مما يتيح مساحة أكبر لامتداد الفكرة والتوسع فيها قبل التوجه نحو نقيضها، فيتعزَّز بذلك الأثر الأسلوبيّ الذي ينجم عن هذه التوازيات بسبب تعدّد مواضع تكسير أفق انتظار المتلقي وتوقعاته «وكلما ازدادت درجة التكسير وقوي عنصرُ المفاجأة كان التأثير أكبر وأبرز على المتلقي»[66]. كما أن إيقاع التناوب يُسهم إلى حدٍ بعيد في وحدة النص وإحكام نسجه، بحيث يصعب تجزيئه أو انتخاب أبيات منه دون أخرى بسبب التعالقات المتعددة التي يخلقها التوازي، فيتم الانتقال من فكرة إلى أخرى ثم العودة إلى الأولى مرّة أخرى عبر إيراد ما يضادها، ومن أبرز التشكيلات الموظّفة في هذا الصدد بنية التقاطع (أ ب، أ ب). غير أن هناك نماذج يحضر فيها شكل ثانٍ أشبه ما يكون ببنية التعانق (أ ب، ب أ)؛ إذ يبدأ الشاعر بفكرة فيأتي بأخرى ليتبعها بما يتعالق معها دلالياً ترادفاً أو تضاداً أو حتى انجراراً، ثم يعود بعد ذلك إلى الفكرة التي بدأ بها عن طريق طرح ما يضادها؛ وهذا ما يوسع دائرة الترابط بين أبيات النص الشعري والعلاقات المتحكمة فيها، إذ غالباً ما تنضمّ إلى التوازي

النقيض أشكالٌ أخرى من الارتباطات الدلالية خاصة منها الترادف.

التوازي النقيض المقطعي: يمتد على عدة أبيات تمثل مقطعاً شعرياً تجسد علاقة التضاد بؤرته، ومركز وحدته الدلالية والمضمونية عبر إحداث مفارقة أو مفارقات بين ما يتضمنه من أفكار، وهو بدوره يحتمل عدة تنويعات أهمها: إقامة التوازي النقيض بين السطر الأول وباقي الأسطر في المقطع الشعري، أو استحضار التقاطعات الدلالية المختلفة بين مقطعين شعريين فأكثر.

وهنا يمكن أن نرصد نوعاً آخر من التوازي النقيض مُؤَسَّساً على علاقة التضاد بين سياقين أو أكثر، سواء كان هذا التضاد داخل النص الشعري نفسه وبين أبياته، أم بينه وبين العنوان الذي قد يشكل بنية مُفارِقَة له تكشف ما فيه من حالات ووضعيات غريبة تستدعي توقف القارئ وتأمله.

ورغم أنه يصعب أن نحدد «تيمات» وموضوعات بعينها تُبَرِّرُ لجوءَ الشاعر إلى آلية التوازي النقيض، فإنه مع ذلك يمكن أن نشير إلى استغلال ما تتيحه مثل هذه البنية في التطرق إلى ما يلاحظه الشاعر العربي المعاصر من مكامن الخلل ومظاهر الاعتلال في الجسم العربي وتضاد القيم الأصيلة مع القيم الزائفة التي أصبحت تسود المجتمعات العربية، إلا أن هذا لا يمنع من أن يستفيد الشاعر المعاصر من الإمكانات الكبيرة التي تخلقها التوازيات النقيضة في التعبير عن إخفاقاته وخيبات أمله التي قد ترتبط إلى حدٍ ما بالمحيط والظرف الاجتماعي.

وعلى العموم، فإن التوازي النقيض ليس بنية طارئة على الشعر العربي ومستجدة بالكامل، بل هو كما يظهر ذلك تداوله الكبير في الأدبيات العربية القديمة شعراً ونثراً، على مستوييْ الممارسة والتنظير، آليةٌ متجذِّرةٌ في الوعي العربي ولها حضورها القوي قديماً وحديثاً؛ فالشاعر العربي لم ينطلق في اشتغاله عليها من فراغ، وإنما كانت تحكمه في توظيفها وتدفعه إلها دفعاً خلفيةٌ أعلتْ قديماً من شأن المطابقة، وتفنَّنتْ في إيجاد تنويعات لها من تأثيرات فنيّة وجمالية كبرى على المتلقي. كما أن الأمر لا يقتصر على المرجعية العربية فقط، ولكن يمكن تجاوزها إلى طبيعة الأشياء التي تفرض ثنائيات ضديةً حاضرةً في الحياة الإنسانية عموماً كالخير والشر، والليل والنهار، مما من شأنه أن يشكل صوراً متعددة لمفهوم شموليّ موحَّدٍ. لهذا نعثر على إشـارات مختلفة إلى ضرورتها وأهمية حضورها من بينها على سبيل التمثيل لا الحصر ما جاء في تبرير التوازي في الوثيقة الصينية التي حررها (طانغ Tang) والتي يقول فيها: «التوازي ضرورة في كل نص أدبي، لأنه لا شيء يأتي منفرداً، وكل الأشياء لا تظهر إلى الوجود إلا في ثنائيات. هكذا فإننا نعثر على الأعلى والأسفل، وعلى النبيل والحقير، والكائن وغير الكائن، والتشابه والاختلاف، والوصول والمغادرة، والفراغ والامتلاء، والصواب والخطأ، والحكمة والبلادة، والحزن والفرح، والنور والظلام، والدنس والطهارة، والحياة والموت، والتقدم والتخلف؛ ففي كل هذه الحالات تجسيد للتوازي النقيض (التوازي بالتضاد)»[67].

هوامش الفصل الثاني:

1 – طريقة التحليل البلاغي والتفسير، تحليلات نصوص من الكتاب المقدس ومن الحديث النبوي الشريف، تأليف مجموعة من الباحثين، دار المشرق، بيروت، ص: 57.

2 – البنيات اللسانية في الشعر، سمويل ليفين، مرجع سابق، ص: 29 – 30.

3 – Traités Tang sur le parallélisme, François Martin, In: Extrême–Orient Extrême – Occident, N° 11, 1989, p: 120.

4 – لا أدل على ذلك من الاشتغال على هذه الظاهرة في كتب اللغة التي صُنِّفتْ في هذا الباب: (ما اختلفت ألفاظه واتفقت معانيه) للأصمعي و(الألفاظ) لابن السكيت، و(ألفاظ الأشباه والنظائر) للهمذاني، و(جواهر الألفاظ) لقدامة بن جعفر، و(الألفاظ المترادفة المتقاربة المعنى) للرماني. . . انظر:

كتاب الألفاظ المترادفة المتقاربة المعنى، أبو الحسن علي بن عيسى الرماني، تحقيق وتقديم: د. فتح الله صالح علي المصري، دار الوفاء للطباعة والنشر، المنصورة، الطبعة الأولى، 1987، ص: 8.

5 – العمدة في محاسن الشعر وآدابه، ابن رشيق القيرواني، تحقيق محمد محيي الدين، دار الجيل، بيروت، 1981، الجزء2، ص: 6.

6 – كتاب البديع، عبد الله بن المعتز، اعتنى بنشره والتعليق عليه أغناطيوس كراتشقوفسكي، دار المسيرة، بيروت، الطبعة الثالثة، 1989، ص: 36.

7 – لسان العرب، مصدر سابق، مادة (ح. ذ. و)، ج:9، ص:814.

8 – نقد الشعر، أبو الفرج قدامة بن جعفر، تحقيق وتعليق: د. عبد المنعم خفاجي، دار الكتب العلمية، بيروت (د. ت)، ص: 147 – 148.

9 – نقد الشعر، أبو الفرج قدامة بن جعفر، مصدر سابق، ص :147.

10 – كتاب الصناعتين الكتابة والشعر، أبو هلال العسكري، تحقيق: محمد علي البجاوي ومحمد أبو الفضل إبراهيم، دار إحياء الكتب العربية، بيروت، (د. ت)، ص : 307.

11 – المصدر نفسه، ص: 307.

12 – انظر الأمثلة التي ساقها أبو هلال العسكري في حديثه عن الطباق، المصدر نفسه، ص: 307 وما بعدها.

13 – المرشد لفهم أشعار العرب وصناعتها، عبد الطيب، الجزء الثاني، دار الآثار الإسلامية، الكويت، (د. ت)، ص: 265.

14 – منهاج البلغاء وسراج الأدباء، أبو الحسن حازم القرطاجي، تقديم: محمد الحبيب بن الخوجة، دار الغرب الإسلامي، الطبعة الثانية، بيروت، 1986، ص: 516.

15 – منهاج البلغاء وسراج الأدباء، مصدر سابق، ص: 516.

16 – كتاب الصناعتين، العسكري، مصدر سابق، ص: 308.

17 – المنزع البديع، السجلماسي، مصدر سابق، ص: 517.

18 – المصدر نفسه، ص: 518.

19 – وشي الربيع بألوان البديع في ضوء الأساليب العربية، عائشة حسين فريد، دار قباء للطباعة والنشر، القاهرة، 2000، ص: 26.

20 – المرجع نفسه، ص: 26.

21 – البديع تأصيل وتجديد، د. منير سلطان، منشأة المعارف، الإسكندرية، 1986، ص: 117.

22 – Leçons sur la poésie hébreux, R. Lowth, traduit du latin, imprimerie de Ballanche, Lyon, 1812, p : 4.

23 – البنيات اللسانية في الشعر، سمويل ليفين، مرجع سابق، ص: 76.

24 – البنيات اللسانية في الشعر، سمويل ليفين، مرجع سابق، ص: 77.

25 – المرجع نفسه، ص: 77.

26 – تحليل النص الشعري، بنية القصيدة، يوري لوتمان، ترجمة وتقديم وتعليق: د. محمد فتوح أحمد، دار المعارف، القاهرة، 1995، ص: 63.

27 – المرجع نفسه، ص: 60.

28 – ديوان أثر الفراشة، محمود درويش، مصدر سابق، ص: 216.

29 – شرح المفصل في صنعة الإعراب الموسوم بالتخمير، القاسم بن الحسين الخوارزمي، تحقيق الدكتور عبد الرحمن بن سليمان العثيمين، دار الغرب الإسلامي، بيروت، الطبعة الأولى، 1990، الجزء الثالث، ص:115.

30 – الأعمال الشعرية الكاملة، أمل دنقل، مكتبة مدبولي، القاهرة، 1995، ص: 149.

31 – الدليل إلى البلاغة وعروض الخليل، د. حسن نور الدين ود. علي جميل سلوم، دار العلوم العربية، بيروت، الطبعة الأولى، 1990، ص: 47.

32 – ديوان المطابقات والأوائل: صياغة نهائية، أدونيس، دار الآداب، بيروت، 1988، ص: 128.

33 – انظر لفظ الرحم في مادة (ر، ح، م): (الرحم والرحم بيت منبت الولد ووعاؤه في البطن والرحم أسباب القرابة، وأصلها الرحم التي هي منبت الولد) لسان العرب، ابن منظور، دار المعارف، القاهرة، الجزء الثالث، ص:1615.

34 – المصدر نفسه، مادة (ش ل و).

35 – لسان العرب، ابن منظور، ج:3، م س، ص: 1574.

36 – ديوان لاقتناص الوقت، فاروق شوشة، دار غريب للطباعة والنشر، الطبعة الأولى، 1996، ص: 19.

37 – جامع الدروس العربية، الشيخ مصطفى الغلاييني، تنقيح: د. محمد أسعد النادري، المكتبة العصرية، بيروت، الطبعة التاسعة والعشرون،1994، ج:1، ص:13.

38 – العمدة في محاسن الشعر وآدابه ونقده، أبو علي الحسن بن رشيق، تحقيق: محمد محيي الدين عبد الحميد، دار الجيل الطبعة الخامسة، بيروت، (د. ت)، ج1، ص: 290.

39 – النحو والدلالة، مدخل لدراسة المعنى النحوي – الدلالي، د. حماسة عبد اللطيف، دار الشروق، القاهرة، الطبعة الأولى، 2000، ص: 175 – 176.

40 – ديوان زمان القهر علمني، فاروق جويدة، دار غريب للطباعة والنشر والتوزيع، القاهرة، الطبعة الأولى، 1990، ص: 16.

41 – الأعمال الشعرية الكاملة، أمل دنقل، مصدر سابق، ص: 240.

42 – فن البديع، عبد القادر حسين، دار الشروق، القاهرة، الطبعة الأولى، 1983، ص: 46.

43 – الأعمال الشعرية الكاملة، أمل دنقل، مصدر سابق، ص: 238.

44 – تحليل النص الشعري، يوري لوتمان، مرجع سابق، ص: 130.

45 – المرجع نفسه، ص: 130.

46 – مختاراتي، آفاق للطباعة والنشر، القاهرة، الطبعة الأولى، 2007، ص:63.

47 – بنية اللغة الشعرية، جون كوهن، ترجمة: محمد الولي ومحمد العمري، دار توبقال للنشر، الطبعة الأولى، الدار البيضاء، 1986 ص: 79.

48 – مختاراتي، مصدر سابق، ص:64.

49 – الأعمال الشعرية الكاملة، معين بسيسو، دار العودة، بيروت، 2008، ص: 413.

50 – ديوان «هي أغنية، هي أغنية»، محمود درويش، دار العودة، بيروت، الطبعة الرابعة، 1993، ص: 22/21.

51 – ديوان هي أغنية هي أغنية، محمود درويش، مصدر سابق، ص: 22.

52 – الأعمال الشعرية الكاملة، أمل دنقل، مصدر سابق ص: 242.

53 – كتاب الصناعتين، أبو هلال العسكري، مصدر سابق، ص: 371.

54 – الأعمال الشعرية الكاملة، أمل دنقل، مصدر سابق، ص: 147.

55 – الأعمال الشعرية، علي جعفر العلاق، المؤسسة العربية للدراسات والنشر، بيروت، ط: 1، 1996، ص: 93 – 94 .

56 – الأعمال الشعرية الكاملة، عبد الكريم الطبال، ج2، ص: 136.

57 – يشير الشكل إلى توزيع الحركات والصوامت في اللفظين، وتحيل الشرطة (ـ) إلى الحركة، بينما يحيل الحرف إلى الصامت نفسه ساكناً أو قبل تحريكه.

58 – لسان العرب، ج:29، ص: 2651..

59 – المصدر نفسه، ج:48، ص: 4555.

60 – مختاراتي، مصدر سابق، ص: 64.

61 – الأعمال الشعرية الكاملة، عبد الكريم الطبال، ج: 2، ص: 241.

62 – ديوان نازك الملائكة، ج: 2، دار العودة، بيروت، 1986، ص: 384.

63 – ديوان نازك الملائكة، مصدر سابق، ج:2، ص: 122.

64 – ديوان بدر شاكر السياب، مج: 2، دار العودة، بيروت، 2005، ص: 298/297.

65 – يجب التنبيه إلى أن هذه الصيغ ليست محدودة ولا منتهية، كما لا نزعم الإحاطة بكل الأشكال التي اشتغل عليها الشاعر المعاصر، وهو أمر يستدعي النظر المتفحص والدقيق في المتن الشعري العربي المعاصر بأكمله على امتداده التاريخي والقطري. الشيء الذي يدخل في باب المستحيل، ويفترض عملاً جماعياً مطولاً، ومن ثم فالاكتفاء بما ذكرناه من عناصر يأتي من قبيل التغليب والاستقراء لما وقع تحت أيدينا على قدر الإمكان من نصوص الشعر العربي المعاصر.

66 – معايير الأسلوب، ميكائيل ريفاتير، ترجمة: حميد لحمداني، منشورات دراسات سال، الدار البيضاء، الطبعة الأولى، 1993، ص: 24.

67 – Traités Tang sur le parallélisme, François Martin, Op Cite, p :119.

خاتمة

وختاماً، فإن الاشتغال على المتن الشعري العربي المعاصر من زاوية التوازنات الدلالية ممثَّلة على الخصوص في بنيتيْ الترادف والتضاد، قاد إلى فتح البحث على آفاق جديدة لم تمكن حصرها في تطبيق مفاهيم نقدية مستقاة من المرجعيات الغربية بقدر ما هو إعادة اكتشاف الذات العربية الشاعرة في طاقاتها الإبداعية والجمالية الخاصة وقدراتها الهائلة على تمثّل الجماليات النصية والتفاعل مع الواقع والقضايا المُستجدَّة عبرها من جهة، ومن جهة ثانية هو إثبات غنى المتن الشعريّ العربيّ المعاصر وحَرَكِيَّته الدائبة في التجريب والإبـداع دون أن يكون ذلك انسلاخاً وتبرُّءاً من التراث العربي الأصيل، فمفاهيم التوازن شكلت بدورها أرضية صلبة للمؤلفات البلاغية والنقدية القديمة بإحالاتها على البنيات التوازنية وتجلياتها بشكل مباشر، أو عبر تلمس ملامح الجمال والإحساس التذوقيّ بعبقرية الشاعر المعاصر، والاختيارات العميقة من نصوصه وإنتاجاته؛ فالترادف والتضاد لم يكونا أبداً محفليْن لغوييْن مجرَّدين في القصيدة المعاصرة فقط، وإنمَّا هما بالدرجة الأولى إمكانات تعبيرية

شديدة القوة، مُترعة بالحمولات الجمالية والدلالية، يتم استثمارها إلى مستويات عليا في النص الشعريّ، مما يجعلها محطات مفصلية في دراسة الإبداع الشعري، واكتشاف القدرات الإبداعية الهائلة للشعراء العرب المعاصرين في تمثّل معطيات الواقع وإكراهات المجتمعات العربية وقضاياها الكبرى وانعكاساتها الاجتماعية والاقتصادية والسياسية، وهضمها ثم صياغتها شِعْراً بما يحرّك دوافع الإمتاع والإفادة لدى المتلقي العربي، كما أنَّ اعتماد المفهومين (الترادف والتضاد) أبان عن شبكات دلالية مركبة ومتداخلة وفق منظومات وغايات عميقة يَجمُلُ بالدارس أن يعمد إلى تفكيكها وفهمها ثم مساءلة الحاجة الماسّة إليها وما تضفي على النص من معانٍ إضافية، وما تؤدّيه من وظائف وهو ما يُقربنا من الطبيعة الإنسانية للشعر. فالشعر العربي المعاصر ليس بِدْعاً في الإنتاجات الشعرية العالمية ولا استثناءً عن بنياته الفنية والجمالية، وإنما هو رافد من روافدها يخضع – شئنا ذلك أم أبيْنا – للموجِّهات الإنسانية العامة المشتركة للإبداع وتنظيم الفكر والتعبير عن المشاعر والمواقف، وإن ظل محتفظاً بخصوصياته المحلية والإقليمية لغةً وثقافةً.

لائحة المصادر والمراجع

أولاً – بالعربية:

1 – ديوان المطابقات والأوائل: صياغة نهائية، أدونيس، دار الآداب، بيروت، 1988.

2 – ديوان وقت.. لاقتناص الوقت، فاروق شوشة، دار غريب للطباعة والنشر، القاهرة، الطبعة الأولى، 1996.

3 – أسرار البلاغة، عبد القاهر الجرجاني، قراءة وتعليق: محمود محمد شاكر، دار المدني، جدة، (د.ت).

4 – الأعمال الشعرية الكاملة، أمل دنقل، مكتبة مدبولي، القاهرة، 1995.

5 – الأعمال الشعرية الكاملة، عبد الكريم الطبال، منشورات وزارة الشؤون الثقافية، 2000.

6 – الأعمال الشعرية الكاملة، معين بسيسو، دار العودة، بيروت، 2008.

7 – الأعمال الشعرية، علي جعفر العلاق، المؤسسة العربية للدراسات والنشر، بيروت، ط: 1، 1996.

8 – الألفاظ المترادفة المتقاربة المعنى، أبو الحسن علي بن عيسى الرماني، تحقيق: د. فتح الله صالح علي المصري، دار الرشاد، المنصورة، ط. 1، 1987.

9 – البديع تأصيل وتجديد، د. منير سلطان، منشأة المعارف، الإسكندرية، 1986.

10 – البديع والتوازي، عبد الواحد حسن الشيخ، مكتبة الإشعاع الفني، الطبعة الأولى، الإسكندرية، 1999.

11 – البنيات اللسانية في الشعر، سمويل ليفين، ترجمة: محمد الولي وخالد التوزاني، منشورات الحوار الأكاديمي، مطبعة فضالة، فاس، 1989.

12 – بنية اللغة الشعرية، جون كوهن، ترجمة: محمد الولي ومحمد العمري، دار توبقال للنشر، الطبعة الأولى، الدار البيضاء، 1986.

13 – تحليل النص الشعري، بنية القصيدة، يوري لوتمان، ترجمة وتقديم وتعليق: د. محمد فتوح أحمد، دار المعارف، القاهرة، 1995.

14 – جامع الدروس العربية، الشيخ مصطفى الغلاييني، تنقيح: د. محمد أسعد النادري، المكتبة العصرية، بيروت، الطبعة التاسعة والعشرون، 1994.

15 – الدليل إلى البلاغة وعروض الخليل، د. حسن نور الدين ود. علي جميل سلوم، دار العلوم العربية، بيروت، الطبعة الأولى، 199.

16 – ديوان «هي أغنية، هي أغنية»، محمود درويش، دار العودة، بيروت، الطبعة الرابعة، 1993.

17 – ديوان أثر الفراشة، محمود درويش، دار رياض الريس للكتب والنشر، عمان، 2008.

18 – ديوان الفارس والعتمة، محمد حمدان، دار الرشاد الحديثة، الدار البيضاء، الطبعة الأولى، 1979.

19 – ديوان بدر شاكر السياب، دار العودة، بيروت، 2005.

20 – ديوان زمان القهر علمني، فاروق جويدة، دار غريب للطباعة والنشر والتوزيع، القاهرة، الطبعة الأولى، 1990.

21 – ديوان عبد العزيز المقالح، دار العودة، بيروت، 1996.

22 – ديوان عبد الوهاب البياتي، المجلد الأول، دار العودة، بيروت، الطبعة الرابعة، 1990.

23 – ديوان نازك الملائكة، دار العودة، بيروت، 1986.

24 – شرح المفصل في صنعة الإعراب الموسوم بالتخمير، القاسم بن الحسين الخوارزمي، تحقيق الدكتور عبد الرحمن بن سليمان العثيمين، دار الغرب الإسلامي، بيروت، الطبعة الأولى، 1990.

25 – طريقة التحليل البلاغي والتفسير، تحليلات نصوص من الكتاب المقدس

ومن الحديث النبوي الشريف، تأليف مجموعة من الباحثين، دار المشرق، بيروت. (د.ت).

26 – العمدة في محاسن الشعر وآدابه ونقده، أبو علي الحسن بن رشيق، تحقيق: محمد محيي الدين عبد الحميد، دار الجيل الطبعة الخامسة، بيروت، (د. ت).

27 – العمدة في محاسن الشعر وآدابه، ابن رشيق القيرواني، تحقيق محمد محيي الدين، دار الجيل، بيروت، 1981.

28 – الفروق اللغوية، أبو هلال العسكري، تحقيق: محمد إبراهيم سليم، دار العلم والثقافة للنشر والتوزيع، القاهرة (د. ت).

29 – فقه اللغة، مفهومه موضوعاته وقضاياه، محمد بن إبراهيم الحمد، دار ابن خزيمة، الرياض، الطبعة، الأولى، 2005.

30 – فن البديع، عبد القادر حسين، دار الشروق، القاهرة، الطبعة الأولى، 1983.

31 – قضايا الشعرية، رومان جاكبسون، ترجمة محمد الولي، دار توبقال للنشر، الدار البيضاء، الطبعة الأولى، 1981.

32 – كتاب الألفاظ المترادفة المتقاربة المعنى، أبو الحسن علي بن عيسى الرماني، تحقيق وتقديم: د. فتح الله صالح علي المصري، دار الوفاء للطباعة والنشر، المنصورة، الطبعة الأولى، 1987.

33 – كتاب البديع، عبد الله بن المعتز، اعتنى بنشره والتعليق عليه أغناطيوس كراتشقوفسكي، دار المسيرة، بيروت، الطبعة الثالثة، 1989.

34 – كتاب الصناعتين الكتابة والشعر، أبو هلال العسكري، تحقيق: محمد علي البجاوي ومحمد أبو الفضل إبراهيم، دار إحياء الكتب العربية، بيروت، (د. ت).

35 – كتاب الطراز المتضمن لأسرار البلاغة وعلوم حقائق الإعجاز، يحيى بن حمزة العلوي، المجلد الثاني، مطبعة المقتطف، القاهرة، 1332هـ.

36 – لسان العرب، ابن منظور، دار المعارف، القاهرة.

37 – مختاراتي، آفاق للطباعة والنشر، القاهرة، الطبعة الأولى، 2007.

38 – المرشد لفهم أشعار العرب وصناعتها، عبد الله الطيب، الجزء الثاني، دار الآثار الإسلامية، الكويت، (د. ت).

39 – المزهر في علوم اللغة وأنواعها، جلال الدين السيوطي، شرح وتعليق:

محمـد أحمد جاد المولى ومحمد أبو الفضل إبراهيم، وعلي محمد البجاوي، مكتبة دار التراث، القاهرة، الطبعة 3، (د.ت).

40 – معاييـر الأسـلوب، ميكائيل ريفاتيـر، ترجمة: حميد لحمداني، منشـورات دراسات سال، الدار البيضاء، الطبعة الأولى، 1993.

41 – المنزع البديع، في تجنيس أساليب البديع، أبو القاسم محمد السجلماسي، تقديم وتحقيق: علال الغازي مكتبة المعارف، الرباط، الطبعة الأولى، 1980.

42 – منهاج البلغاء وسـراج الأدباء، أبو الحسـن حـازم القرطاجي، تقديم: محمد الحبيب بن الخوجة، دار الغرب الإسلامي، الطبعة الثانية، بيروت، 1986.

43 – النحـو والدلالة، مدخل لدراسـة المعنى النحوي – الدلالي، د. حماسـة عبد اللطيف، دار الشروق، القاهرة، الطبعة الأولى، 2000.

44 – نقد الشعر، أبو الفرج قدامة بن جعفر، تحقيق وتعليق: د. عبد المنعم خفاجي، دار الكتب العلمية، بيروت (د. ت).

45 – وشـي الربيع بألوان البديع في ضوء الأساليب العربية، عائشة حسين فريد، دار قباء للطباعة والنشر، القاهرة، 2000.

ثانياً – باللغات الأجنبية:

1 – Création poétique، Pierre Lepère, Collection littérature vivante, éditions Pierre Bordas et fils, Paris, 1990.

2 – La poésie، initiation aux méthodes d›analyse des textes poétiques, Alain Vaillant, édition Nathan, Paris, 1992.

3 – Leçons sur la poésie hébreux, R. Lowth, traduit du latin, imprimerie de Ballanche, Lyon, 1812.

4 – Traités Tang sur le parallélisme, François Martin, In : Extrême– Orient Extrême – Occident, N° 11, 1989.

الفهرس